男の論語(上)

童門冬二

PHP文庫

○本表紙図柄＝ロゼッタ・ストーン（大英博物館蔵）
○本表紙デザイン＋紋章＝上田晃郷

まえがき――二十一世紀を『論語』で生きぬこう

ビジネスマンなら、おそらく職場での日常会話で、つぎのようなことばをきき、あるいはご自身が口にしたことがあるはずだ。


「四十にして惑わず」

「過ちて改むるに憚ることなかれ」

「巧言令色すくなし仁」

「一を聞いて十を知る」

「義を見てせざるは勇なきなり」

「過ぎたるは及ばざるがごとし」

「温故知新」

などなど。


これらのことばは、中国古代の思想家孔子と、その門弟とが、

「人間はいかに生きるべきか」

ということをテーマに、真剣に語りあった問答を、えらび、整理した『論語』の

中の一文だ。孔子が生きたのは紀元前五五一年から四七九年にかけてであって、中国では春秋時代とよばれている。

日本の歴史はまだはじまっていない。闇の中にある。夜明け前だ。いまからざっと二千五百年前のことである。

そんな古い時代に生きた孔子のことばを、近代文明の先端に生き、それを活用するわたしたち現代人が、なぜ口にし、文章に引用するのか。

もちろん、徳川時代から、

「日本人の生きかたの規範」

として、積極的に導入され、なかば国教的な浸透力をもっていた儒教の影響が、いまも根づよくのこっているためもある。

しかしそれだけではない。最初にかかげたことば（ごくわずかな例）の中にひそむ、

「永遠性のある真理」

が、わたしたちの胸にひびくからだ。これらのことばに年月という時間的距離は存在しない。

「機械文明の中でも、りっぱに通用する」

という性格をもっている。ということは、わたしたち現代人がそれぞれ、

「機械文明にもぜったいに侵されない、ある次元」

をもっているということだ。その次元とは、

「精神（心）」

だ。

ちかごろの世界状況の激変によって、日本でも、

「日本式経営はもう役に立たない」

といわれる。もちろん日本式経営の中でも、そのまま通用しないものは多々ある。

しかしその根底において、日本の働き手はトップからヒラにいたるまで、〝心（ハート）〟を大切にしてきた。

いま、カネ万能主義に疲れた働き手は、これまたトップからヒラにいたるまで、

「心の時代」

を求めている。

この本は、そのひとつの手がかりを『論語』に求めた。

二千五百年前の孔子とその門弟の発言を、なぜわたしたちは、いまおかれている危機の管理や克服のために口にし、活用するのか。

『論語』のみずみずしい、時代をこえた実用性に的《まと》をしぼって読みなおしてみた。

そのために読み下し文の解釈は、きわめて、「ビジネスマン的に」を心がけた。多くの先学の書を参考にさせていただきながら、多少アップ・ツウ・デイトな考えを加えさせていただいた。もちろん漢学の素養がほとんどないわたしの仕事だから、読みちがい、カンちがいもたくさんあると思う。が、目的はただひとつ。

「男性ビジネスマンよ。二十一世紀を『論語』で生きぬこう!」

である。

童門冬二

男の論語(上)❖目次

第三　八佾篇

第四　里仁篇

第五 公冶長篇

第八　泰伯篇

第九 子罕篇

第十　郷党篇

第十一 先進篇

第一

学《がく》而《じ》篇

不遇な時の友情

子曰《のたま》わく、学びて時にこれを習う、亦《ま》た説《よろこ》ばしからずや。朋《とも》あり、遠方より来たる、亦た楽しからずや。人知らずして慍《うら》みず、亦た君子《くんし》ならずや。

◇子曰、学而時習之、不亦説乎、有朋自遠方来、不亦楽乎、人不知而不慍、不亦君子乎。

孔先生がおっしゃった。「ずっと前に読んだ本を改めて読み返してみると、ああこんないいことが書いてあったのかと発見することがある。その時はとても嬉しい。不遇な時に、遠いところから友達がわざわざ訪ねて来てくれ、その友情を思うと本当に涙が出る。そういうことがあると、自分の歩いている道が時に孤独に思えて、もっと他の多くの人と同じようなことをした方がいいのかなと思うことがあるけれど、いやそうではない。自分は自分の道を歩いて行くことが一番正しいのだ、そして幸福なのだという自覚が湧いて来る。だから、他人がわかってくれなくても決して気にはかけない」

＊

前田利家という武将がいた。若い頃は織田信長に可愛がられて、母衣衆《ほろしゅう》（将校斥候のこと）を務めていた。ところが、ある時織田信長におべっかを使う悪い茶坊主がいたので、利家はこれを殺した。信長は怒って出仕停止（いまの帰休）を命じた。利家は信長の寵臣という得意の絶頂から、地獄の底に突き落とされた。不遇生活を何年も送った。この頃利家は、次のようなことを語っている。

「人間の心というのは浅ましい。おれが得意な時は、いろいろな人が始終訪ねて来た。ところが一旦不遇になると、ほとんどの者が見向きもしない。わずかな友達だけが訪ねて来て、おれのことを心配してくれる。そんな時は、涙が出るほど嬉しい」

これもまた、

「朋あり、遠方より来たる、亦た楽しからずや」

の日本版である。

出会いを大事にせよ

有子《ゆうし》曰《い》わく、其の人と為りや、孝弟《こうてい》にして上《かみ》を犯《おか》すことを好む者は鮮《すく》なし。上を犯すことを好まずして乱を作《な》すことを好む者は、未《いま》だこれ有らざるなり。君子は本《もと》を務《つと》む。本立ちて道生ず。孝弟なる者は其れ仁《じん》の本たるか。

◇有子曰、其為人也、孝弟而好犯上者鮮矣、不好犯上而好作乱者、未之有也、君子務本、本立而道生、孝弟也者、其為仁之本与。

孔子の門人である有先生がおっしゃった。「人柄が孝行悌順《ていじゅん》でありながら、目上の人に逆らうことを好む者はほとんどない。目上に逆らうことを好まない人が、乱を起こすことを好むことも滅多にない。君子は根本のことに努力するからだ。根本を定めてはじめて進むべき道がはっきりする。仁徳の根本は孝と悌だ」

＊

わたしが勤めているころ、今でいうリストラ（リストラクチャリング、再構築）が行われた。その一つの方法として人員削減が行われた。希望退職者を募るという方法が採られた。しかし、わたしの属していた職場の上役にすれば、普段から自分にいつも反対したり逆らったりする者、あるいは自分勝手なことばかりしている者などが、この希望退職に応じてくれればいいと思い、それぞれの肩を叩いて説得した。しかし、上役が辞《や》めさせたいと思っている連中は、頑強に首を横に振り続けた。この時、普段からおとなしく、ほとんどその上役にも逆らったことがない目立たない津田さんという職員が、

「わたしを辞めさせてください」

　と申し出た。上役はびっくりした。

「君は別に辞める必要はないよ。ぜひ居て欲しい職員だ」

　そう告げた。が、津田さんは笑ってこう言った。

「わたしの田舎は九州で、父がみかん山を経営しています。そろそろ老齢なので、何度も戻って来てみかん山を引き継いでくれと言っています。この際思いきって勤めを辞め、父の言葉に従いたいと思います。あなたが肩を叩いている人達は、今辞めたら、たちまち生活に困るでしょう。ですから、わたしを辞めさせてください」

　上役は何とかして津田さんを引き止めようとしたが、津田さんはにこにこ笑いながら首を横に振り続け結局辞めていった。翌年のあるころ、津田さんからわたしの

ところに荷物が届いた。手紙が入っていた。

「初生りのみかんをお届けします。勤めていたころは大変お世話になりました。わたしはもともと勤める必要はなかったのですが、一つのことを思い立ちました。それは、いずれみかん山を引き継いだ時に、初生りのみかんを送りたいなと思う人を、何人か探したかったのです。言ってみれば、わたしなりの真実一路の道を辿って、出会いを大事にしたいと思いました。あなたは親切にしてくれました。何人か他にも、みかんを送った人がいます。でも、それがだれかは申しあげません。わたしにとって一番大切な生き方は、この世で出会って本当によかったなと思う人の発見でした。あなたのような方は、今の勤めに絶対に必要です。どうか最後まで辞めずに頑張ってください」

わたしはその手紙を読んで胸を打たれた。

（ああ、津田さんはこういう考え方を持っていたのだな）

と感じた。そして、

「人間は、生きていく上で、何を一番大切にしなければならないのか」

ということを、津田さんの初生りのみかんを見ながらしみじみと思ったものである。

出世するタイプとは…

子曰《のたま》わく、巧言令色《こうげんれいしょく》、鮮《すく》なし仁《じん》。

◇子曰、巧言令色、鮮矣仁。

先生がおっしゃった。「口ばかり達者で、他人にお世辞ばかり使うような人間に、本当に他人に愛情を注ぐ者は少ない」

＊

江戸時代、三代将軍徳川家光の時代は、「武士のあり方」がかなり整備された時代だ。それまでの、「下剋上《げこくじょう》の思想」は否定され、「主人が主人らしくなくても、部下は部下の責任を果たせ」という、使う者にとってはなはだ都合のいい論理が罷り通るようになっていた。

言ってみれば、それまで戦国時代の余風を残していた武士たちはすべて、「聞き分けと、ものわかりのいい武士」に仕立て上げられたのである。こういう風潮に反発した武士に大久保彦左衛門がいる。かれはこの憤懣《ふんまん》を、『三河物語』という書物に書いた。その中で徳川家の武士を、

「いま江戸城で出世する者」と「いま江戸城で出世しない者」との二つに分類している。

大久保彦左衛門が「いま出世する者」として上げた五つのタイプの人間の中に、

「口がうまく、立ち回りがよくて上役にお世辞ばかりつかっている者」

というタイプがある。逆に「出世しない者」の中には、この反対で、

「口下手で、世渡りが下手だが仕事一途に生きている者」

を上げている。大久保にすれば、自分が出世しない者として上げたタイプが本来は出世しなければならず、逆に出世する者として上げたタイプは出世してはいけないのだというアイロニーを主張したかったのだろう。しかし、これはなにも大久保彦左衛門の時代だけではない。今も同じだ。

時には自分自身を振り返れ

曾子曰わく、吾《わ》れ日に三《み》たび吾が身を省《かえりみ》る。人の為に謀《はか》りて忠《ちゅう》ならざるか、朋友と交わりて信ならざるか、習わざるを伝うるか。

◇曾子曰、吾日三省吾身、為人謀而不忠乎、与朋友交而不信乎、伝不習乎。

曾先生がおっしゃった。「相手の為にその立場に立って本当にものごとを考えてあげたのか、友達に対して誠実に付き合ったのか、あるいは、きちんと勉強もしないで他人からの受け売りや、付け焼き刃で人に偉そうなことを言ったのではないか、などと」

＊

ひと頃、アメリカから入ってきた考え方に「ＥＱ」というのがあった。これは「これからは『ＩＱ』すなわち知能指数による偏差値社会では駄目だ。もっとＥＱ、すなわち心の指数を大切にすべきだ」

という解説が加えられていた。このＥＱを重んずるということは、「相手の立場に立ってものを考える。そして考えた時に、自分は相手の立場に立って行動しているかどうかも自己評価する」

というようなことだった。たとえば、家庭で子供に対しても、自問自答してみる。つまり、自分で質問を設定し、それに回答を用意して、

「この回答なら、満点だ。あるいは、減点だ」

というように採点する。例をあげよう。

質問一　あなたは自分のお子さんに対して、いつもお子さんの立場に立っていますか？

回答　立っています。

判定者　立派です。では五点制で最高の五点を差し上げます。

質問二　それでは、あなたはお子さんのニーズ（欲しがるもの）をすべて把握していますか？

回答　把握しています。

質問三　把握したニーズをすべて満たしてあげていますか？

回答　いません。

質問四　なぜですか？

回答　それは、今の子供の立場では、ラチ（程度）を越えるようなものもあり、同時に我が家の経済状況ではとても応じることができないものもあるからです。

質問五　その時はどうしていますか？

回答　説得します。理由をきちんと説明して、大きくなったら買ってあげるか、あるいは家の経済状況ではとても買えないので、そういうものを欲しがるのはやめなさいと話しています。

質問六　お子さんは納得しますか？

回答　しません。時にはふくれます。でも根気強く説得しております。

判定者　立派です。オール五点を差し上げます。

こういうやり取りを自分の心の中でやってみて、

「点数は何点か」

ということによって、EQ度が高いとか低いとかを決める。このやり方は職場においても同じだろう。つまり、

質問　あなたは部下の立場に立ってものを考えていますか。

質問　部下のニーズをきちんと把握していますか。

質問　そのニーズを満たしていますか。

質問　満たしていない時はどうしていますか。

というように、子供の場合と同じようなやり取りをする。そして自分で点数をつけ、高得点ならばＥＱ度が高いといえるし、低ければＥＱ度が低いといえる。その時は、この『論語』にあるように、

「自分自身を振り返ってみよう」

という反省の時間を持つことが大切だということだ。

過ちをおかした時はすぐ改めよ

過《あやま》てば則ち改むるに憚《はばか》ること勿《な》かれ。

◇過則勿憚改。

先生がおっしゃった。「過ちをおかした時はすぐ改めよ。改めることに対して、少しも遠慮することはない」

＊

なかなかできないことだ。というのは、日本人の性癖である負け惜しみが強いと

いうこともあるが、組織内においては、

「その過ちを認めると、自分の責任となって馬鹿を見る」

ということがあるからだ。何が過ちで何が過ちでないかは、

「その組織におけるルールの確立」

による。これが確立されていないと、図々しい奴や、声の大きい者や、あるいはずるい奴が得をして、正直者、真面目な者が馬鹿を見る結果になる。したがって、ここでいわれるように、

「過って憚ることに何の遠慮がいるものか」

ということは正しいが、何でもかんでも、

「わたくしの責任です。申し訳ありません」

と、自分から罪を背負うようなばか正直さは逆に捨てるべきだろう。

「組織自体の過ち」

がないとはいえない。組織自体の過ちというのは、

「何が正しく、何がまちがっているかの基準がはっきりしていないこと」

である。ビジネスマンには、

「正しいことと正しくないことを見分ける判定力」

と、同時に、

「それを行動に移す勇気」

が必要だ。そして、自分が正しく相手がまちがっていると思う時は、この『論語』の言葉を告げるといい。

「すぐおまえの過ちを改めろ。憚る必要はない」

そうすれば、大笑いになって問題は解決できるだろう。

ただしこの言葉は、日本ではこの部分が有名になったために取り上げたが、本当は、もっと長い文章の一部だ。参考に、その長い文章をあげておく。

「子曰わく、君子、重からざれば則ち威あらず。学べば則ち固《こ》ならず。忠信を主とし、己《おの》れに如《し》かざる者を友とすること勿かれ」という流れの最後に、

「過てば則ち改むるに憚ること勿かれ」

という言葉が続くのだ。したがって全文を読み通し、ここでトップのありよう、あるいは自分の生き方などをきちんと整理した上で、この語を理解すべきだろう。

さり気なく自分を売り込め

子禽《しきん》、子貢《しこう》に問いて曰わく、夫子《ふうし》の是《こ》の邦《くに》に至るや、必ず其の政《せい》を聞く。

これを求めたるか、抑抑《そもそも》これを与えたるか。子貢曰わく、夫子は温良恭《おんりょうきょう》倹譲《けんじょう》、以《もっ》てこれを得たり。夫子のこれを求むるや、其れ諸《こ》れ人のこれを求むるに異《こと》なるか。

◇子禽問於子貢曰、夫子至於是邦也、必聞其政、求之与、抑与之与、子貢曰、夫子温良恭倹譲、以得之、夫子之求之也、其諸異乎人之求之与。

子禽という孔子の弟子が、同じ孔子の弟子の子貢にたずねた。「孔子先生はどこの国にいらっしゃっても、必ずそこで政治の相談をお受けになっていらっしゃる。これはご自分の方から言い出されたのでしょうか、それとも相手の方からお頼みになったのでしょうか」。これに対し子貢は答えた。「うちの先生は、おだやかですなおで常につつしみ深くて、だれに対しても譲っていらっしゃる。そこで、どこの国にいらっしゃっても必ず偉い人から政治の相談をお受けになるのだ。しかし、相手側の求めに応じるだけではなく、時に先生の方から申し出られることもある。しかしその申し出られ方は、他の同じような仕事をしている人とはちょっと違う」

＊

子禽の問い掛けは、

「先生はどこへいらっしゃっても、必ず重く用いられる。あれは、向こうがそうするのですか、それとも先生が売り込んでいるのですか?」

という率直な問いだ。これに対し子貢の答えは微妙だ。それは、

「孔子先生は、こういう性格でいらっしゃるから主として向こうが求めて来る。しかし、先生が売り込みを全然しないということではない。が、その売り込み方は他の人とはちょっと違っている」

と答えている。この、

「孔子先生の売り込み方は、他の人とはちょっと違う」

というのはどういうことだろうか。古い言葉に、

「野《や》に遺賢なし」

というのがある。これは、中国の古い言葉で、

「政府は、人材発見に力を尽くしているので、優秀な者はすべて政府要路に登用されている。したがって、民間に優秀な人間はいない」

という意味だ。そんなことはない。昔から、

「野は遺賢だらけ」

だ。なぜなら、その登用すべき人材発見の際に、必ずコネが作用したり、あるいは発見する人間が色メガネをかけていて、先入観や固定観念を持って人物を評価するからだ。これは今でもどこの組織においても行われている。こういう悪風潮を打

破するためには、ただ、

「自分は優秀だから、運動をしなくても必ず誰かが目をつける。じっと待っていればいい」

などという態度を取っていたら、永遠に自分のやりたい仕事はできないし、就きたいポストも得られない。やはり、

「自分で自分をPRする」

という売り込みも必要だ。しかしこれをあまり露骨にやると嫌がられる。したがって、そこは、

「さり気なく」

という高度の技術が必要になる。子禽の問い掛けに対し、子貢が答えたのはおそらく、

「孔子先生は、自分から売り込みをしないわけではない。しかしそのやり方は、品よくさり気なく、それとわからないような方法をおとりになっておられる」

ということだったのではなかろうか。この、

「品よくさり気なく」

という売り込み方法は、組織の中にいても、あるいは自分の特別な技術を売り込む場合にも必要な態度だろう。その意味では、孔子先生もなかなか、

「自分を売り込む名人」

だったと言っていい。しかし子貢という門人は、その後大政治家になって、いろいろと問題を起こす人物だ。だから、子貢は、

「子貢自身の見る孔子先生」

というアングルで孔子を見ていた。子禽は子禽なりの角度から孔子を見る。孔子のような優れた人物に対しても、門人の見方は様々だ。これは、キリストの場合もそうだったし、日本でも俳聖といわれた松尾芭蕉にしても同じだ。キリストや孔子や芭蕉の死後、門人だった連中が、

「師が亡くなった後、どういう態度を取ったか」

ということはそのまま、

「師が生きている間どういう見方をしていたか」

ということにもつながっていく。したがって、どんな優れた人物でも人間である以上、

「三六〇度の全方位から見られる存在」

だと言っていいだろう。

和ばかり重んじていたら仕事はできない

有子《ゆうし》曰わく、礼の用は和を貴しと為《な》す。先王の道も斯《こ》れを美と為す。小大これに由《よ》るも行われざる所あり。和を知りて和すれども、礼を以てこれを節せざれば、亦《ま》た行わるべからず。

◇有子曰、礼之用和為貴、先王之道斯為美、小大由之、有所不行、知和而和、不以礼節之、亦不可行也。

有先生がおっしゃった。「礼を行う時には、何といっても調和が大切である。古代の聖王の道もそれをなさったからこそ立派だったのである。しかし、小さなことも大きなことも、礼を重んじながらもうまくいかないことがある。なぜかと言えば、礼を実現する手段が調和だということを知らないか、あるいは知っていても調和の大切さをよくわきまえないで利用するからだ。だから、調和という方法をとるにしても、礼の本質が何であるかということをよく見極めることが必要だ。礼というのは折り目をつけることである」

＊

「以和為貴（和《わ》を以《もっ》て貴《とうと》しと為《な》す）」というのは、聖徳太子がその憲法の中で使った有名な言葉だ。これを、現代でも上役がよく職場で使う。新しく赴任して来た上司は、

「わたしは職場の和を重んじます」

と言う。あるいは、

「無事大過なく職責を全うしたいと思います」

などとも言う。が、いまのような動乱期にあって、和ばかり重んじていたのでは仕事はできない。同時に、

「無事大過なく」

というのは、ぬるま湯に浸っていて、何にもしないということだ。こんなことでは、今のリーダーはつとまらない。その証拠に、毎年春に新入社員を迎えた時のトップの訓示は、必ず次のような言葉が入る。

「みなさんは失敗を恐れずにベンチャー精神をもって思い切って仕事をしてください。何か起こった時は、わたしが責任を取ります」

果たしてこの言葉通り、トップが新入社員の失敗にいちいち責任を取るかどうかはわからないが、しかし少なくともこのトップの言うことと、現場における上役

の、

「職場の和を重んじ、無事大過なく職責を全うしたい」

という言葉は相反する。社長の方は、

「今の我が社は、ぬるま湯かあるいは沼のように水が澱《よど》んでいる。新入社員の諸君は、その中に投げ込まれる石となって、大いに波を立ててもらいたい。各職場に波紋を起こしてもらいたい」

ということだろう。ところが長年職場のぬるま湯に浸って来た中間管理職は、

「和を大切にし、無事大過なく過ごしたい」

などという太平楽をのたまっている。したがって新人はどうしていいかわからない。

「自分の上役は、社長の気持ちを全然わかっていないのではないか？」

という疑問を持つ。

これがいわゆる「三・三・三のサイクル」の原因といわれるものだ。三・三・三のサイクルとは、

「三日目に、三カ月目に、そして三年目に会社がいやになって辞めたくなる」

ということを言う。このサイクルが訪れるのは、必ず、

「自分が社長の言ったとおり思い切った仕事をしようとしているのに、直属上司は

足ばかり引っ張って、そんな冒険は止めろと言う。一体、社長の言葉は嘘だったのか」

という疑問を持つからだ。これが人間関係をこじらせて、場合によっては新人たちをノイローゼに追い込んでしまう。ストレスもたまる。そうなると、社長もまた、新人ばかり激励するのではなく、在来の管理職たちをも大いに叱咤激励する必要があるだろう。

才をひけらかすな

子貢曰わく、貧しくして諂《へつら》うこと無く、富みて驕《おご》ること無きは、如何《いかん》。子曰わく、可《か》なり。未《いま》だ貧しくして道を楽しみ、富みて礼を好む者には若《し》かざるなり。子貢曰わく、詩に云う、切《せっ》するが如く磋《さ》するが如く、琢《たく》するが如く磨《ま》するが如しとは、其《こ》れ斯《こ》れを謂うか。子曰わく、賜《し》や、始めて与《とも》に詩を言うべきのみ。諸《こ》れに往《おう》を告げて来《らい》を知る者なり。

◇子貢曰、貧而無諂、富而無驕、何如、子曰、可也、未若貧而楽道、富而好礼者也、子貢曰、詩云、如切如磋、如琢如磨、其斯之謂与、子曰、賜也、始可与言詩已矣、告諸往而知来者也。

子貢が孔子にきいた。「たとえ貧乏であっても人にへつらわず、金持ちであっても貧乏人をばかにしないという態度はどうでしょうか?」。孔子はこれに対し、次のように答えた。「いいだろう。しかし、貧乏でも学問（道）を楽しみ、金を持っていて礼を尽くす人にはかなわない」。そこで子貢が言った。「『詩経』でいう『切磋琢磨（いよいよ自分を磨いて立派にすること）』というのは、このことを言うのですね」。これを聞いた孔子がにっこり笑って頷いた。「子貢よ、やっとおまえとも『詩経』の話ができるようになったね。おまえは大したものだ。一を聞いて十を知るというのはまさにおまえのことだ」とほめた。

＊

孔子は、門人の中で常に子貢の口が達者で、才気煥発《かんぱつ》ぶりを発揮するのを戒めていた。しかし子貢は、ついに自分の性格を改めなかった。かれはいくつかの国で宰相（総理大臣）になったし、また物をためておくのが得意で、その値が上がると倉庫から取り出して高く売り付けた。そういう商才もあった。孔子はそういう子貢の一面が気になって仕方がなかったに違いない。

戦国武将に黒田如水というのがいる。坂口安吾さんが、彼を主人公に小説にし

た。題名は、

『二流の人』

である。なぜ坂口さんが黒田如水を二流の人物にしたかと言えば、

「彼は頭が良すぎて、弁舌が爽やかで、常に群を抜いていた。しかし、その才をひけらかすところがあったので、仕えた織田信長・豊臣秀吉・徳川家康の三人の天下人から常に警戒され、心の底では嫌われていた。だから二流の人物だというのだ」

と定義しておられる。

織田信長が明智光秀に殺された時、黒田如水は中国方面を平定しつつある羽柴秀吉の参謀になっていた。信長が殺された情報は如水が最も最初に摑んだ。そこで秀吉の陣に行って、

「織田信長公が明智光秀に殺されました」

と報告した。これは、現代で言えば、どこのマスコミもスクープしていない事件だったので、秀吉他は驚いた。

ところが如水は、この情報を逸早くつかんだことに鼻をうごめかせ、余計なことを言った。それは、秀吉に向かって、

「これであなたが天下人ですね」

という一言である。秀吉はドキッとした。秀吉にそういう野望がなかったわけで

はない。しかしこの段階では、殺された信長には沢山の子供や兄弟がいるし、また秀吉より先輩の重臣たちがいる。それを越えて、いきなり社長になれるわけがない。秀吉はつくづくと、

（黒田如水という奴は、全く油断がならない）

と感じた。そこで秀吉は、間もなく如水を九州へ飛ばしてしまった。ちょっと如水の生き方が、子貢に似ている。しかしこのくだりは、日本でもよく使われる、

「切磋琢磨」

という言葉の語源である。意味は、

「自分を厳しく磨き上げる」

ということだ。

今の職場でも、才気ばかり前に出て、口先ばかりの男は結局は、

「道具でしかない」

ということになる。

嫌いな人にも学ぶところはある

子曰わく、人の己れを知らざることを患《うれ》えず、人を知らざることを患う。
◇子曰、不患人之不已知、患己不知人也。

孔先生がおっしゃった。「他人が自分を知らないといって悩むことはない。それよりも自分が他人を知らないことを心配すべきだ」

＊

職場には必ず、

「知で生きる人」

と、

「情で生きる人」

の二タイプがある。知で生きる人は、知力《インテリジエンス》で物ごとを判断する。情で生きる人は、自分の心に受けたインパクトで判断する。したがって情で生きる人は、

「あの人が嫌いか好きか」

ということも判断基準になる。本来なら組織における仕事の判断は、

「何をやっているか」

という内容か、

「何のためにそういうことをするのか」

という目的によって判断されるべきだ。ところがなかなかそうはいかない。やはり人間には感情があるからだ。だから時には、

「おれはあいつが嫌いだ。だからあいつのやることが、いかに正しく立派なことでも、おれは認めない」

という判定を下す人がいる。こういう人は、

「何をやっているかが問題ではなく、だれがやっているかが問題なのだ」

という〝ひと〟あるいは〝人間関係〟が判断基準だということだ。

むかし、ある偉いお坊さんに、

「一期一会《いちごいちえ》」

の意味について教えられたことがある。一期一会といえば、ふつうは、

「人間がその一生において、たった一度会える人、あるいはその機会」

をいうのだと解釈されている。ところがそのお坊さんは違った。

「毎日職場に顔を合わせ、ほんとうに嫌なやつだなと思う人にも、必ず学べるとこ

ろがある。あるいは語れるところがある。逆に、こっちに学ばせるところもある。その意味では、長年月の顔馴染みであり、あるいは徹底的に嫌いな人間であっても、そういう考え方で見れば、人の付き合いというのはまた違った趣になるだろう」

この言葉をわたしはずっと教訓にしている。それは、年齢、男女の別、キャリアの有無、職位など一切関係なく、

「時に学び・時に語り・時に学ばせる」

という関係が、融通無碍《ゆうづうむげ》に成立するということだ。そうなれば、

「だれがやっているか」

だけでなく、

「何をやっているか」

ということも大切になってくる。その方に目が向いていく。組織というのは本来、だれがやっているかではなく、何をやっているかを基準にして運営されるべきものだからである。

第二

為《い》政《せい》篇

四十にして惑え

子曰わく、吾れ十有五《ゆう》にして学に志す。三十にして立つ。四十にして惑《まど》わず。五十にして天命《てんめい》を知る。六十にして耳順《みみした》がう。七十にして心の欲する所に従って、矩《のり》を踰《こ》えず。

◇子曰、吾十有五而志于学、三十而立、四十而不惑、五十而知天命、六十而耳順、七十而従心所欲、不踰矩。

孔先生がおっしゃった。「わたしは十五歳で学問に志した。そして三十歳の時に一本立ちになった。四十歳になった時には、あれこれという迷いがなくなった。五十歳になると、天が命じたこの世における役割と、自分の能力の限界を知った。そして六十歳になった時は、他人の言葉が素直に聞けるようになった。七十歳になると、自分の思うままに振る舞っても道からはずれないようになった」

＊

この言葉は、日本にも分断されて長く伝えられている。特に、

「十有五にして学に志す」

や、

「三十にして立つ」

あるいは、特に、

「四十にして惑わず」

という言葉は有名である。現在、人間が生き方に努力することを、

「生涯学習」

と言っている。孔子の言葉は、この生涯学習を行う場合の、

「人生設計」

と言っていいだろう。つまり、

「何歳になった時は、どういう立場に自分を置くことができるか、あるいは置くべきか」

という、いわば、

「その年齢における生き方の目標」

であり、同時にそれは、

「そういうように自分を完成したい」

ということだ。最初の、

「十有五にして学に志す」

という言葉は、近江聖人として有名な江戸初期の日本の儒学者中江藤樹に大きな影響を与えたという。藤樹はこの言葉を発見して、天にも上るような気持ちになった。彼が学に志したのは、

「だれでも、学べば聖賢（聖は孔子、賢は孟子）の境地にまで到達することができる」

ということが読んだ本に書かれていたからである。

三十にして立つとか、四十にして惑わずというのは、今のビジネスマンにとっていろいろな思いを投げ掛けるだろう。二十代ではなかなか思わしいことができなくても、

「三十歳になった時に、改めて人生目標を立て直しても遅くはない」

という励ましを与えてくれる。あるいは、現在は大転職時代だ。リストラの横行で、心ならずも会社を辞めなければいけない人も沢山いる。そういう人達にとって、資産がなければ、当然再就職を考えなければならない。孔子がいくら、

「四十にして惑わず」

と言っても、そうはいかない場合もあるのだ。そうなると、孔子の言ったのは、

「四十歳になると、社会的地位や家族の関係もあって、なかなか思うように転職が

という、一種の責任を果たす言葉だと思える。が、孔子が生きていた時代とは違って、今は一種の戦国時代だ。失業時代でもあり、転職時代でもある。この、

「四十にして惑わず」

という言葉は、むしろ反語として心得るべきだろう。もっと言えば、

「三十にして立つ」

を、

「四十にして立つ」

と置き換えても決して無理な解釈ではなかろう。というのは、孔子の生きてきた時代に比べて、現代ははるかに人間の平均寿命が伸びてしまったからである。おそらく孔子たちが考えていたのは、

「人生五十年」

という設定だ。四十になれば、あと十年しかない。そうなると、

「惑いたくても惑えない。現状に我慢するより仕方がない」

という考え方になってしまう。

人間五十年という考え方が罷り通っていた頃は、人の一生を、

「起承転結」

という言い方でたどった。しかし平均寿命が伸び、また年金の支給開始が六十五歳などということになって、社会保障制度も十分でない現在は、そんなことは言っていられない。わたしは今は、

「起承転転時代だ」

と思っている。

つまり今のわれわれには「結」というピリオドが打てない。相変わらず「転」という生き方を続けなければならない。言ってみれば、

「転がりっ放しの人生」

になる。が、この転がりっ放しというのは、坂を転がるようにやけくそになるということではない。むしろ、

「自分の一生は、転という区切りが何回もあるが、そのたびにさらに向上していこう」

という前向きの生き方である。たとえば定年後の生き方をむかしは、

「第二の人生」

とか、

「悠々自適の時代」

などと言った。今は悠々自適などできない。最期まで、

「自分の生命を燃焼し尽くして、精一杯生きる」

という態度が必要だ。この生命の完全燃焼を行うことが、

「起承転転の生き方」

なのである。そうなると、孔子が言ったこれらの有名な年齢別の生き方も、現代では、

「反面教師として理解する」

という態度も必要である。すなわち、

「四十にして惑わず」

という言葉は、現代では逆に、

「四十にして惑う」

というのが正しい解釈ではなかろうか。

感謝の気持ちを態度に表せ

孟武伯《もうぶはく》、孝を問う。子曰わく、父母には唯《た》だ其の疾《やまい》をこれ憂えしめよ。
◇孟武伯問孝、子曰、父母唯其疾之憂。

孟武伯が、孝について孔先生にきいた。先生はこうおっしゃった。「父母には、病気のことだけを心配するようにしなさい」

*

この、

「病気のことだけ心配しなさい」

という言葉は二通りに解釈されている。一つは、

「親が病気に罹っていないかどうか、病気になったら治るかどうか、ということを心配しなさい」

ということである。もう一つはそうではなく、

「父母が心配するといけないので、自分も常に健康であるようにしなさい」

という意味だ。しかし孝というのは、何も健康のことだけではない。

子游《しゆう》、孝を問う。子曰わく、今の孝は是能《よ》く養うを謂《い》う。犬馬《けんば》に至るまで皆な能く養うこと有り。敬せずんば何を以て別《わか》たん。

◇子游問孝、子曰、今之孝者、是謂能養、至於犬馬、皆能有養、不敬何以別。

孔子よりも四十歳年下の若い門人子游が、孝について孔先生におたずねした。先生はこうお答えになった。「最近孝というのは、親をただ養えばいいというふうに解釈されている。しかし、物質的に養えばいいということであれば、犬や馬でも立派にそのつとめを果たしている。親を尊敬するという気持ちを失って、何が孝と言えるだろうか」

子夏《しか》、孝を問う。子曰わく、色難《いろかた》し。事あれば弟子《ていし》其の労に服し、酒食《しゅし》あれば先生に饌《せん》す。曾《すなわ》ち是《こ》れを以て孝と為《な》さんや。

◇子夏問孝、子曰、色難、有事弟子服其労、有酒食先生饌、曾是以為孝乎。

子夏という弟子が、孔先生に孝についておたずねした。先生はこうおっしゃった。「自分の気持ちをどういう表情に表すかが一番難しい。仕事があれば、若い連中が骨を折って働き、終わって慰労会が催されれば、若者たちは年長者に御馳走を差し出すだろう。しかし、そんな通り一遍のことをやっていれば孝になるということではない。やはり、自分の気持ちをどう表すかが大切なのだ」

以上の三項目は、すべて「孝」について、孔子がそれぞれの考えを述べたものだ。今の世の中ではこの「孝」ということが次第にないがしろにされている。しかしそれは一部の風潮であって、実際には子が親に孝を尽くしている例は沢山ある。その限りにおいては、もっと日本人は日本人を信ずるべきだ。一部の現象を見て、それがすべてだと思うのは早とちりだ。

＊

ここで孔子から学ぶべきことは、

「聞き手の立場に合わせて、回答を用意する」

という孔子の態度である。これもまた前に書いた「ＥＱ」の活用だと言っていいだろう。ＥＱというのは、

「相手の立場に立って、物事を考える」

ということだ。だからここでは事例的に、三人の弟子がそれぞれ、

「孝とは何でしょう？」

ときいている。最初の弟子に対して、孔子は、

「それは健康だ」

と言い、次の弟子に対しては孔子は、

「心からの扶養を行うことだ」

と言い、最後の弟子には、

「自分の真心をどう表すかが大切だ」

と言っている。特に、「養う」という面については、

「ただ扶養すれば孝が成立すると思うのは間違いだ。そんなことは犬や馬でもやっている」

という言葉は手厳しい。やはり、

「本当に相手（父母）のことを心配しているという気持ちを、態度で表さなければ駄目だろう」

ということである。

前に例に出した近江聖人の中江藤樹は、この孝を、段階的に考えている。

「まず親に孝を尽くす。そして、親を生んだ祖父母に孝を尽くす。その祖父母を生んだ天に孝を尽くす。近隣社会に孝を尽くす。自分が所属する国に孝を尽くす。世界の全人類に孝を尽くす」

というように、孝というのは単に親子関係ではないという定義をしている。こういう広がりを持てば、

「孝なんて古くさい。レトロだ。化石だ」

と考える層も、見方を変えるに違いない。

この、

「徳の無限大的な拡大」

は、江戸後期の農民思想家二宮金次郎の、

「報徳仕法《ほうとくしほう》」

についても言える。金次郎の報徳仕法というのは、人間は、
・分度を立てる
・勤労する（時に勤苦する）
・推譲する
という三段階から成り立っている。分度を立てるというのは、

「自分の分（収入）に応じて、生活設計を行う」

ということである。この生活設計を目標に、人間は、

「精一杯働く」

という行為を行う。精一杯働いた時には、場合によっては分度を越えた余りが出るかもしれない。その余りを、

「他に差し出す」

というのが推譲だ。この推譲を二宮金次郎は、

「まず自分に差し出す・次に家族に差し出す・次に地域に差し出す・次に国（この

場合は自分が所属する大名家、藩のこと）に差し出す・日本国に差し出す・世界に差し出す」

というように段階的に考えた。そうなると、差し出された方は、感謝の気持ちを持つ。この感謝の気持ちが、

「徳に報いる」

ということで、こうなると、

「差し出した側と差し出された側との間に、美しい人間関係が成立する」

これが広がれば、

「この世は和に満ちた一円の社会になる」

というのが金次郎の思想だった。金次郎は一農民だったが、無学ではない。昔の小学校の庭に立っていた彼の銅像は、薪を背負って一冊の本を読んでいる。あの本は、『大学』だ。『大学』というのはいうまでもなく、儒教の根本原典である「四書五経」のトップに立つテキストだ。そこで説かれている徳の中に「譲」がある。この譲るという考え方は単に、

「我慢する」

ということではない。

「進んで他に差し出す」

という積極性が含まれている。だからこそ、江戸中期の名改革者として知られる米沢藩主上杉鷹山が、

「財政難の時こそ、人材育成が大切だ」

といって学校を作り、その学校に「興譲館」という名をつけたのだ。この命名も『大学』にちなんでいる。

したがって鷹山の主張した、

「譲という徳を興す」

という考え方も、

「お互いに、自分の余った分を差し出し合ってほしい」

というヒューマニズムだ。だからこそ、やがて改革が成功した暁には、この地域に、

「棒杭の商い」

という美風が生まれたのだ。棒杭の商いというのは、棒杭が立っていて、下にどんなに高い品物を並べ、たとえ売る人がいなくても、値段表さえきちんと添えておけば、品物を欲しがる人は決められたお金を払ってその品物を持ち去ったということだ。これは、明らかに、

「譲るという精神が興って、地域社会をユートピアにした」

ということだろう。

人は正しく評価せよ

子曰わく、吾れ回《かい》と言うこと終日、違《たが》わざること愚《ぐ》なるが如し。退きて其の私《し》を省《み》れば、亦た以て発するに足れり。回や愚ならず。

◇子曰、吾与回言終日、不違如愚、退而省其私、亦足以発、回也不愚。

孔先生がおっしゃった。「回という門人と一日中話をしていても、かれは全く素直で何も言わない。周りから見れば、回は愚か者だと思えるかもしれない。ところが彼が私の前から退がって一人になったときの様をよく見ていると、私と話していたことにヒントを得て自分なりに思い当たる行動をしている。回は決して愚かではなく、大した人物だよ」

＊

武田信玄が、こんなことを言っている。

「わたしが若い者と話をしていると、四通りの反応を示す。一つはポカンと口を開けて私の言うことに呑まれているタイプ。二つ目は、わたしの喉のあたりをじっと見つめていて、わかっているのかわからないのかがはっきりしない。三つ目は、わたしが話すことに間あいだで、いちいち相槌を打ったり、ニコニコ笑ったりする。四つ目は途中で席を立ってしまう」

この分析を信玄はさらに、

「ポカンと口を開けてわたしの話に呑まれているのは、話の内容に圧倒されて自分の判断が全くつかない者だ。二番目の、喉のあたりをじっと見つめているのは、一見愚かそうに見えるが、実を言えばわたしの言うことをいちいち嚙み締め、頭の中で反芻している。三番目の相槌を打ったり笑ったりする者は、いかにもあなたのお話はよくわかっていますよということを言いたくて、そういうパフォーマンスをするのだ。四番目は身に覚えのある悪者だ」

信玄は、この中で、

「ではどのタイプを一番大事に思うか？」

という質問に対し、「二番目だ」と言っている。

おそらく疑問に思ったことは、後で聞きに来るだろう。頼もしいタイプだ」

「二番目は、わたしの言うことを項目ごとに整理し、話を決して鵜呑みにしない。

また信玄と同時代の戦国武将で、毛利元就の三番目の息子で瀬戸内水軍の大将になった小早川隆景という人物がいた。隆景はよくこんなことを言った。

「すぐわかったという部下にわかったためしはない。わたしはそんな単純な話はしていない。だから、話をした時には一見ぼんやり聞いているようでも、優れた人間は必ず後で質問しに来る。こういう人間こそ頼もしい」

と言っている。武田信玄と同じ人間観察力を持っていた。そうなると孔子のこの回という弟子に対する見方も、ある意味で、武田信玄や小早川隆景に通ずる、

「単に学問を教えるだけでなく、人間観察も鋭く行っていた」

ということになる。現代の職場でも、孟子の言葉を元にした、武田信玄や小早川隆景の、

「その発展的解釈」

は結構役に立つにちがいない。このことは、口ばかり達者で、会議に出るとよく活発に議論するが、どこかそれはレトリック（修飾語）の羅列であって、中身のないことが多い。言ってみれば、

「言葉だけの争い」

に沈湎《ちんめん》し、それに生き甲斐を感ずるタイプの社員が多い。しかしこれは前に書いた、

「巧言令色鮮矣仁」

の口であってどこか空しい。大久保彦左衛門に言わせれば、

「口ばかり達者で、世渡りがうまく、そのくせ会社の目的に対しては、何の寄与度もなく、実績もないという人物だ。軽い」

と言われるだろう。ところが意外にこの軽い連中がトントコ出世をしていくような組織があるから問題なのだ。それは、やはり上役に問題がある。上役がしっかりした人間観察術を持って、孔子・武田信玄・小早川隆景のようなモノサシを門人や部下に当てれば、こんな問題は起こらない。

「正しい評価」

が行われるにちがいない。

人間理解の早道は動機を探ること

子曰わく、其の以《な》す所を視《み》、其の由《よ》る所を観《み》、其の安んずる所を察すれば、人焉《いずく》んぞ廋《かく》さんや、人焉んぞ廋さんや。
◇子曰、視其所以、観其所由、察其所安、人焉廋哉、人焉廋哉。

先生がおっしゃった。「人間の行動には、必ず動機がある。そして、その動機をどのように発展させて行動しているかを探れば、その人は絶対に自分というものを隠すことはできない。絶対に隠すことはできない」

＊

アメリカに「AT&T」という会社がある。日本の「NTT」と同じような仕事をしている。その製造部門にウエスタンエレクトリック会社というのがあった。このウエスタンエレクトリック会社が、シカゴにホーソンという工場を持っていた。このホーソン工場で行われた、

「働く者のモチベーション（動機づけ）」

を調べたのが有名な〝ホーソン・リサーチ〟だ。


ある頃から、ホーソン工場で働く人々が仕事をしなくなった。慢性サボタージュに入ったのである。ストを打ったわけではない。しかし全体にモラール（やる気）が低く、工場内には暗い空気が漲《みなぎ》った。そこで経営者が原因を調べるために、ハーバード大学の経営学教室に行き、メーヨー教授に、

「原因の診断」

を頼んだ。メーヨー教授は、二千人余りの全工員から聞き取り調査を行った。この時わかったのは、工員のすべてが、

・自分のやっている仕事の目的がわからない
・自分のやったことが、どれだけ会社の役に立ち、客を喜ばせたのかわからない
・やったことに対して、どういう評価が下されているのかわからない
ということだった。一言でいえば、そこで働く工員たちは、

「一体何のために、毎日工場に来て働いているのか」

ということをだれも知らなかったということである。

これは、得てしてホワイトカラーと呼ばれるデスクワークの人々が、見落としがちな現場の人達の心理だ。現場の人達もメーヨー教授が把握した、

「何のためかという目的、どれだけ役に立ったかという寄与度、どんな信賞必罰を下されるかという評価」

の三つを求めている。これは今でも同じだろう。つまり人間行動のすべては、

「モチベーション（動機づけ）」

によって行われる。その動機づけを成立させているのは、この三つの要件だ。これが満たされないと、人間は働く気を失う。

そうなると、逆に言えば、相手の行動を見極めるには、

「相手の人間は、この三つをどのように把握し、理解し、バネにしているのだろうか」

と考えれば、

「なぜその人が、そんなことをするのか」

ということがかなり的確につかむことができる。ここの教えは、そういうことを告げている。したがって、

「あいつは何を言っているのか全くわからない」

とか、

「彼のやることは、理解できない」

ということがあっても、それは表面のことであって、その下にある深い部分を追究すれば、

「なるほど、そういうことだったのか」

と相手を理解する早道を得ることにもなる。そうなると、縺《もつ》れていた感情の糸もほぐれる糸口ができる。つまりこれは、

「人間理解の原則的方法」

といっていい。

歴史は現代をはかるモノサシ

子曰わく、故《ふる》きを温《あたた》めて新しきを知る、以て師と為《な》るべし。
◇子曰、温故而知新、可以為師矣。

先生がおっしゃった。「古いことをもう一度検討し直して、新しい事実に向かいあえば、必ず他人に学ばせることができるだろう」

＊

有名な、「温故知新」の語源である。

わたしは歴史物を書いているのでよく、

「過去という死体を解剖しているのか？」

ときかれる。わたしは違うと答える。わたしは一市民として生きているので、毎日起こる社会現象に多大な関心がある。人間も大好きだ。しかし今のような複雑な時代は、

「いつ、何が起こるかわからない。そして、何が起こっても不思議ではない」

という世の中だ。そうなると、その起こった現象や、解決をするための方法を探るのに、何かのモノサシが必要になる。それをわたしは歴史に求めている。だからと言って、社会現象は絶対に、

「過去を繰り返す」

ということではない。それは新しい運動法則によって生まれたものだ。ただ、こういう場合に織田信長はどうしただろうか、坂本龍馬ならどう考えただろうかなどという推測を加えることは可能だ。だからわたしのような歴史物作家は、学者の言う、

「歴史に〝もし〟はない」

という原則にはあまりとらわれない。

「歴史にも〝もし〟はある。バイパスもある、Uターンもある」

という無謀な考え方をする。そして、過去を現代に当てはめる場合にいつも頭の中に浮かぶのが、この、

「温故知新」

という言葉だ。温故知新の「温」という字を、

「たずねる」

と訳すむきがあるが、これはすぐれた研究者が、

「そこまで解釈するのは少し行き過ぎだ」

とおっしゃっているので、その説に従う。

優れた〝こだわり人間〟となれ

子曰わく、君子は器《うつわ》ならず。

◇子曰、君子不器。

先生がおっしゃった。「優れた人は単なる道具にならないように心がけている」

＊

私の敬愛する平松大分県知事が、かつて〝グローカリゼイション〟という言葉を使った。

・グローバル（全地球的）にものを見る。
・そして、自分が立脚している地域のことを考える。
・さらに、自分の行動の規範を考え出す。

ということらしい。今の世の中は完全な情報化社会であり、場合によっては〝地球は一つ〝的なことがしばしば起こる。そうなると、どんな地域の片隅に生きていても、国際的な動きや、日本の動向や、あるいは自分の住んでいる地域の動きなどを無視しては、生きていけない。昔のように、

「井の中の蛙」

的発想では、他人の役にも立たない。われわれの社会にはよく〝こだわり〟というのがある。そのまま解釈すれば〝井の中の蛙の思想〟だ。しかし、テレビや雑誌でこの〝こだわりを持つ人〟へのインタビューや、その行動方式を見ていると必ずしも、優れた〝こだわり人間〟は、〝井の中の蛙的生き方〟をしていない。きちんと、現代の社会情勢を把握した上で、自分なりの生き方を確立している。言ってみれば、

「世界状況の中において、自分のアイディンティティを元に生きている」

ということだ。これは、〝ナントカ馬鹿〟と呼ばれるタイプの人間が、今まで得して、そのこと以外理解せず、価値を認めなかったことに対して、孔子がチクリと、

「ひとつことにこだわってばかりいると、全体状況を見失って取り残されてしまう。すぐれた人間は、あらゆることに目配りをし、気配りをして生きている。そうすれば、それを学ばせることができるだろう」

と言ったことは、現代でもピッタリ当てはまるのだ。

言ったことは実行せよ

子貢《しこう》、君子を問う。子曰わく、先ず其の言を行い、而して後《のち》にこれに従う。

◇子貢問君子、子曰、先行其言、而後従之。

弟子の子貢が孔子に「立派な人間とはどういう人物でしょうか?」ときいた。孔子はこう答えた。「まず、自分が世の中に伝えたいメッセージを口に出すことなく、自分で実行する。その後で自分の主張を口に出す人のことだ」

＊

そんな言葉があるかどうかわからないが、ここで孔子の言っていることを縮めた言葉にすれば、

「先行後言」

ということになるだろう。あるいは、王陽明の言う、

「知行合一」

に発展するかもしれない。似た言葉に「率先垂範」や「隗《かい》よりはじめよ」などがある。

「理屈ばかり言っていないで、さっさと実行しろ」

ということだ。特にリーダーと名のつく人々は、

「部下の模範になるように、自分の言うことは自分で実行してみなさい」

ということである。

蒲生氏郷という戦国時代の武将がいた。かれはこの時代では〝人使いの名人〟と言われていた。その氏郷にこんな言葉がある。

「大将が後ろから部下に進め進めと言っていても駄目だ。時には、自分が真っ先に危険な場所に躍り込んで、後ろを振り返って、部下にここへ来いと言うことも必要だ」

これもまさに、

「率先垂範」

の一つだろう。違った角度からこの言葉を考えれば、

「先憂後楽」

もこのジャンルに入るかもしれない。

「嫌がることは自分が真っ先に経験し、楽しみは他人に先に味わってもらおう」ということである。

親しんでも狎れるな

子曰わく、君子は周《した》しみて比《おもね》らず、小人《しょうじん》は比りて周しまず。
◇子曰、君子周而不比、小人比而不周。

先生がおっしゃった。「立派な人は広く親しんで一部の人におもねることはない。ところがつまらない人は一部の人におもねって広く親しむということがない」

*

平林たい子という作家に、

「とかくメダカは群れたがる」

という言葉がある。これは、メダカのような小さな魚はいつも心細いので、群れの中にいて安心感を得る、ということだ。メダカの場合は可愛いが、これが職場でつまらない人間たちが集まると、一種の公害になる。つまり、

「付和雷同の群れ」

になってしまう。そうなると、このグループは、

「みんなで渡ればこわくない」

的な行動原則をつくって、職場の中をのし歩く。そうなると、真面目にコツコツと一人で正義感を抱いて、誠実に仕事をしている人間は弾き飛ばされてしまう。仲間に入れてもらえない。またこういうタイプの人間は仲間にも入らない。孤高を保つ。

孔子の教えは、

「親しんでもおもねるな」あるいは「親しんでも狎《な》れるな」ということを教えている。

わたしの経験にこんなことがあった。わたしが新米課長になった頃、上司の局長は橋本さんといった。このひとは、部下を眺めていて、これはと思う人間にはかならず、

「休みの日家へ遊びに来い」

というクセがあった。職場の中ではこの、

「おれの家に遊びに来い」

というのはかなり有名で、多くの連中が自分もぜひ声をかけられたいと願っていた。

ある日、わたしにその局長から、

「今度の日曜におれの家へ遊びに来い」

という声がかかった。わたし自身は、それほど認められるような仕事をしているとは思っていなかったが嬉しかった。その日、朝から遊びに行った。局長は、自分がヨーロッパを歩いた時に経験した、

「ゴミの処理」

についてのフィルムを観せてくれた。そして、

「これからの大都市問題はゴミの始末だ」

と言った。四十年近く前のことだ。いまではゴミは完全に大都市問題として定着し、産業廃棄物の処理まで世界的な課題になっているが、そのころは話題にもなっていない。局長の先見性は素晴らしかった。

フィルムを観ているうちに、屋根を叩く雨の音がした。天気予報ではそんな予告はなかったのでわたしは当惑した。傘を持って来ていなかったからである。

帰る時に、わたしはおずおずと局長に頼んだ。

「傘を貸してください。まだタクシーを呼べるような身分ではありませんので」

そういうと局長は、

「あたりまえだ。課長風情で、タクシーに乗るなど生意気だ」

と言った。しかし、

「バス停まで送ってやる」

そう言って、傘を広げ、

「入れ」

と言った。バス停までかなりあったが、その間局長は、

「いいか、親しんでも狎れるなよ」

と告げた。わたしには局長の言葉の意味がよくわかった。つまり、局長が、

「休みの日にうちへ来い」

というのは、ある特定の部下に対して特定な愛情を注ぐということである。が、だからといって、部下の方はそれに狎れて、その後の局長に対する態度や、あるいは職場における行動を、いわゆる、

「虎の威を借る狐」

的なことをしてはいけないという戒めである。

局長の家は東京の外れにあったので、なかなかバスが来ない。しかしその間局長はずっと傘をさしかけてくれていた。しかも自分の一方の肩がビショビショに濡れるほど、わたしの方に主として傘をさしかけていた。わたしはその温かさに胸の底を熱くしながらも同時に、

「親しんでも狎れるなよ」

という戒めを、しっかりと頭の中に刻み付けていた。

バスが来て、わたしは一番後ろの席に乗り、雨で曇ったガラス戸を拭いて後ろを振り返った。局長は自分の家に向かって歩きはじめていた。が、おそらくわたしの視線を感じたのにちがいない、傘を二、三回宙に突き上げてみせた。

「気をつけて帰れよ」

という合図であった。この日の局長の後姿を、わたしは今でも忘れない。同時に、

「親しんでも狎れてはいけない」

という、人間関係の在り方を、常にひとつの教訓として胸の中に据えている。

独断に陥るな

子曰わく、学んで思わざれば則《すなわ》ち罔《くら》し。思いて学ばざれば則ち殆《あや》うし。

◇子曰、学而不思則罔、思而不学則殆。

先生がおっしゃった。「せっかく学んでも自分が考えなければいい結果は得られ

ない。逆に考えているだけで学ばなければ、独りよがりになって危険だ」

＊

この言葉は、知識と思考と経験について語ったものであり、それは職場生活における、

「規範に従うことと独断によって行うこと」

との関わりを告げている。

戦国時代に、豊臣秀吉の名軍師といわれた竹中半兵衛が、こんなことを言っている。

「わたしが出した指示を、すぐわかりましたというのは格好いい。傍《はた》から見て、さぞかしあの部下は頭がいいと思うだろう。が、本当は違う。本当に頭のいい部下は、わたしの出した指示を頭の中で何度か反芻し、

『竹中様、この点がよくわかりませんが』

と必ず質問する。それを二、三度繰り返してはじめて、その人間はわかりましたとにっこり笑う。こういう理解を示す者こそ、わたしが求める理想的な部下なのだ」

小早川隆景もまったくおなじことを言っている話は、前に紹介した。

職場には、

「先例」というのがある。が、若い人はとかくこの先例に従うことを嫌がる。

「先例など化石かレトロだ」

と言って、やたらに新しいことを求めたがる。これは間違いだ。先例というのは、それなりに年月を積み重ねた先輩たちの経験の賜物だ。中には、光る宝石もあるはずだ。それを十把ひと絡げにして、

「先例など古い」

と言うのは間違いである。しかしだからと言って、すべて先例に従って疑いを持たず、全く何も考えないというのも危険だ。先例に従わず、自分で新しい考えを起こすことが時に、「独断」に陥る危険性があるのと同じように、先例にばかりかかずらって、新しい事実を認めず、それについて自分なりに考えようとしないのは、これもまた「勉強不足あるいは怠慢」と言われても仕方がない。この辺のかねあいが難しい。

根気と時間をおしむな

子曰わく、異端を攻《おさ》むるは斯《こ》れ害のみ。
◇子曰、攻乎異端、斯害也已矣。

先生がおっしゃった。「ことさら聖人の道と違ったことを研究するのは、ただ害があるだけだ」

＊

これも難しい問題だ。というのは、今の若い人にこんなことを言えば、「それでは新しい考え方を確立することができないではないか。発展がない」ということになるだろう。実を言うと、この一文には定説的解釈がないそうだ。いろいろな解釈が成り立つと言われている。

「異端の道を攻《おさ》むる」

というのは、単に異端の説を取り入れるということではなく、

「基礎的なことを勉強しないで、やたらに目新しい説にばかり飛びつく」

という意味もあると言われている。これは職場でもよくある。それは主として、

「こういう考え方ややり方では、自分のやりたいことができない」

という、自分のやりたいことをモノサシにして今まで伝えられて来た伝統的な先例を真っ向から否定するという例で、やる気のあるビジネスマンに多い。

世の中にはものの考え方に二つの方法がある。ひとつは、

「いろいろな事実の中に潜んでいる真理を発見して、それを大きな真理にまとめ上げていく」

という、いわば螺旋《らせん》式の、時間のかかる、同時に根気のいる思考方法である。もうひとつはそうではなく、

「自分のやりたいことの結論はこうだ。したがって、その結論に都合のいい先例を探し出そう」

というやり方である。手っ取り早いのは後者なので、とかく、

「根気と時間」

を嫌う傾向の強い若い人達には、どうしても後者の方が手っ取り早く、また魅力がある。孔子はおそらくこういう傾向を戒めたのにちがいない。

しかし、

「聖人の道以外の説に魅力を感ずるのは危険だ」

とは言っても、日本の儒学界には、こんなことはしばしば起こった。たとえば近江聖人と言われた中江藤樹は、はじめ朱子学を学び、後に陽明学を取り入れたが、かれの弟子に熊沢蕃山《くまざわばんざん》がいる。しかし蕃山は、藤樹が死んだ後に藤樹門下から、

「熊沢は異端の説ばかり唱えている」

と言われた。これに対し熊沢蕃山はこう応じている。

「諸君は、中江先生の学説を学んだのであって、志を学んだわけではない。わたしは先生の志を学んだのだ。中江先生も完全ではなく、その志を告げるための学説がすべて正しかったとは思わない」

蕃山は、中江藤樹が学問を学ぶ姿勢の底に、

「志があった」

と考えた。そして藤樹がその志を実現するためにいろいろな学説を展開したが、蕃山から見れば、

「藤樹先生の学説は、必ずしもパーフェクトではない。改良の余地がある」

と考えたのである。これは、今の職場でも同じことで、その職場が、

「絶対的な法則」

と考えていることも、時代状況に応じては、改良しなければならないことが多々出て来る。そうなると、熊沢蕃山の説もうなずける。

また、江戸時代の荻生徂徠は、

「孔子や孟子の言行は、孔子や孟子が生きた時代に戻って、学ぶわれわれ自身が、その時代状況に立たなければ本当の意味はわからない。そうなると、後の世にいろいろな解釈がされているが、その解釈が正しいかどうかを乗り越えて、一挙に孔子

や孟子の生きていた時代に戻るべきだろう」

という古学説を唱えた。これもひとつの考え方だ。われわれ日本人が、古代の『万葉集』や古文学を学ぶ時も、

「いたずらに解釈ばかりに眼を着けるのではなく、その時代に立ち返って、その時代に生きた人々の気持ちになって解釈しよう」

と言われる。これと同じだ。

「定説を覆しさえすればいい」

という考えは、いつの時代でも魅力的だが、反面かなり危険だ。

中江兆民《なかえちょうみん》という明治時代の政治思想家がいる。選ばれて国会議員になった。しかし、政策論争はそっちのけで権力闘争に明け暮れる国会議員のありようを見て、

「国会は昆虫の集結場だ」

と言って、野に下ってしまった。その息子に丑吉《うしきち》という思想家がいた。中国を愛し、ずっと中国に住んだ。特に日中戦争を危険視していた。大変なインテリだったので、政治家・文化人・軍人・財界人などが争って、かれを訪ねた。かれは常にこう言っていた。

「偉大な人物の思想を理解するのには、やはりその人物が使っていた言語を正しく理解する必要がある。ドイツ語で書かれた文章は、ドイツ語を勉強して読むべきだ

し、フランス語で書かれた文章はフランス語で読むべきだ。ラテン語で書かれた文章は、ラテン語を学ぶべきだろう。いい加減な解説書だけで、本人の書いたものをわかったような顔をすることは、書いた人物に対し失礼だ」

いわゆる〝原典主義〟を主張している。わたしなどは、ひじょうに耳が痛い。しかし、〝時間との戦い〟に明け暮れる現代のわれわれには、なかなかそういうことはできない。そうなると、やはり、とりあえずは、

「正しい訳文」

に巡り合うことが大事だろう。

知らないことは知らないと言え

子曰わく、由《ゆう》（子路のこと）よ、女《なんじ》にこれを知ることを誨《おし》えんか。これを知るをこれを知ると為《な》し、知らざるを知らずと為せ。是れ知るなり。

◇子曰、由、誨女知之乎、知之為知之、不知為不知、是知也。

先生がおっしゃった。「子路よ、おまえに本当の知るということの意味を教えよ

うか。おまえが知っていることは知っていると言い、知らないことは正直に知らないと言う。それが本当に知るということなのだ」

＊

由すなわち子路は、前身がやくざ者であったという。孔子より九歳若い。しかし孔子の人柄に魅せられて門人になった。この辺は、幕末の萩の松下村塾における吉田松陰のもとに、やくざ者が三人弟子入りしたのと似ている。孔子も松陰も、前身がたとえやくざであろうとわけ隔てなく教えた。しかし子路は、やはり前身が前身だけに血気早く、ひとから問われても、負け惜しみが強い。そのために、知らないことも知らないとは言わず、

「バカにするな。そんなことぐらい知っているぞ」

と突っ張った。そんな有様を見ていた孔子が心配して、

「知らないことは正直に知らないと言うことが、本当に知っているということになるのだ」

と戒めたのだ。職場にも、子路のようなタイプはよくいる。本当は知らないくせに、

「そんなこともわからないのか、おれはちゃんと知っているぞ」

と見栄を張る。きいた方は相手が知らないことを知っている。が、相手が上役だ

ったり、また実力者だったりすると、

「そんなことはありませんよ。あなたは本当は知らないんでしょう」

などと言えば、ご機嫌を損じてしまう。そのために、言葉を控える。それがまた相手を増長させる。いよいよ知らないくせに知っているという見栄を助長させてしまう。こういう相手が、

「諫言をしなければいけない相手」

であり、

「勇気を出して諫言をすべき時」

なのだろう。

志を持ちそれを実現せよ

子張《しちょう》、禄《ろく》を干《もと》めんことを学ぶ。子曰わく、多く聞きて疑わしきを闕《か》き、慎しみて其の余りを言えば、則ち尤寡《とがめすく》なし。多く見て殆《あや》うきを闕き、慎しみて其の余りを行えば、則ち悔寡《くい》なし。言《げん》に尤寡なく行《こう》に悔寡なければ、禄《ろく》は其の中《うち》に在り。

◇子張学干禄、子曰、多聞闕疑、慎言其余、則寡尤、多見闕殆、慎行其余、則寡悔、言寡尤行寡悔、禄在其中矣。

門人の子張が先生に、「俸禄にありつけるのには、どうしたらいいでしょうか?」ときいた。先生はこうおっしゃった。「いろいろなことを沢山聞いて、その中から疑わしいところを取り去ることが先決だ。そして残ったこと、つまり自分で自信の持てることを慎重に話せば、過ちはまず少なくなる。また、たくさん見ていい加減なことを取り去り、確実なことを慎重に実行していれば、後悔は少なくなる。自分の言葉に過ちが少なく、また行動に後悔が少なければ、禄などそこから自然に得られるものだ」

＊

子張というのは孔子よりも四十八歳も若い門人だった。頭もよく、口も達者で、なかなかのやり手だった。押し出しも立派だったという。そのためいつも、「先生はいつおれを、王侯に推薦してくださるのだ」と不満に思っていた。が、孔子にすれば、

「子張はたしかにやり手だが、誠実さに欠ける。かれはその点を反省して、まず言葉を少なくし、行動を誠意あるものにしなければとても推薦はできない」

と考えていた。それがこの言葉になった。

今でも、新入社員の採用試験の時に、雇う側が、

「君はなぜこの会社を受けたのだ？」

ときくと、

「この会社は、優良産業であり安定しているからです」

などと答える若者がいる。雇う側はがっかりしてしまう。雇う側としては、

「市民的立場に立って見た場合、この会社のこういう点に公共性があり、社会への寄与度を発見している。だから、自分もこの会社に入って、その一翼を担い、貢献をしたい」

くらいの気概が欲しい。言ってみれば〝志〟である。しかし今は次第に、

「生活の安定を得て、好きなことをしたい」

という個人の欲望の充足が働くことのモチベーションになって来ている。しかし、これは就職を希望する側だけが悪いのではない。企業側にもそういう面がないとは言えない。特にリストラ旋風が吹きまくった後の日本の企業界には、やはり、

「目先の貢献度」

を求める傾向が強い。

江戸時代は、常に武士の〝大失業時代〟であり、〝大転職時代〟あるいは〝再就職

時代〟だった。これは、合戦がなくなった後でも、大名家に子供がいないとか、経営のやり方がまずかったとか、家の中が始終ゴタゴタしているとかの理由で、次々と潰されたためだ。そうなると一挙に大量の武士が失業する。これが巷に溢れた。そういう武士は再就職を願って、コネを頼っていろいろな大名家に就職運動を行う。そのときの採用基準がやはり、

「目先の貢献度」

だった。人間の本質はかわらない。

「理想と現実の違い」

は永遠の課題だ。それは取りもなおさず、

「志と現実的な世渡りの違い」

の問題でもある。志（理想）ばかり高く、何もしないで大きなことばかり言っていて、周りの人間を馬鹿にし続ければ、浮き上がってしまう。反対に、ちょこちょこと処世術ばかり発揮して、何の理念も持たなければ軽蔑されてしまう。この辺の兼ね合いが難しい。やはり、

「志はしっかりと、胸の中に据えながらも、それを少しずつ現実的手法によって実現していく」

ということが一番大事だろう。

正しい人を登用せよ

哀公問うて曰わく、何を為さば則ち民《たみ》服せん。孔子対《こた》えて曰《のたま》わく、直きを挙げて諸《こ》れを枉《まが》れるに錯《お》けば則ち民服す。枉れるを挙げて諸れを直きに錯けば則ち民服せず。

◇哀公問曰、何為則民服、孔子対曰、挙直錯諸枉、則民服、挙枉錯諸直、則民不服。

魯国の君主である哀公が孔子にきいた。「どうすれば人民がわたしに服従するようになるだろうか」。孔子はこう答えた。「正しい人を引き立てて、邪《よこしま》な人々の上に位置付ければ、人民は服従いたします。しかし逆に邪な人間を重く用いて、正しい人々の上に位置付けたら人民は決して服従致しません」

＊

孔子が生きていた時代は、今から二千五百年も前のことだ。しかしそんなに前から、この、

「リーダーとして登用すべき人物の問題」

は論議の対象になっていた。孔子の答えは、魯の哀公の問い掛けに対し、

「哀公自身がこうあるべきだ」

という帝王学を語ってはいない。

「それよりも、あなたが権限を委ねるべきリーダーが問題なのです」

という答え方をしている。これは現在でも同じだ。人民を「社員」に置き換えれば、その会社のトップが、

「どういう人間を管理職として登用するか」

ということが、

「社員が、社長を信頼するかしないか」

というわかれ目になる。

オーラを持て

子曰わく、人にして信なくんば、其の可なることを知らざるなり。大車輗《げい》なく小車軏《げつ》なくんば、其れ何を以てかこれを行らんや《や》。

◇子曰、人而無信、不知其可也、大車無輗、小車無軏、其何以行之哉。

先生がおっしゃった。「人間は信頼がなければ何をやっても駄目だ。人間に信頼がないということは、まるで牛車に轅《ながえ》の横木がなく、馬車に轅のくびき止めがないのと同じで、逸る牛や馬の首を押さえて走らせることはできない」

＊

ある漢学者から、

「人間には風度《ふうど》というものがある」

と教えられたことがある。風度というのは、

「他人に、この人のいうことなら信頼できる、この人のやることなら共に行動できると思わせるような、その人自身が発する一種のオーラ（気）のことだ」

と言われた。今までも、

「人間には信頼が大事だ」

ということは口が酸っぱくなるほど言われて来た。しかし、ではその、

「信頼の実態とは何か」

となると、なかなか難しい。具体的にこうという要素をあげて答えられないから

だ。風度という言葉はその点、明確にこの関係を言い得ている。

「相手が、この人の言うことなら、この人のためならと思うその〝なら〟を言う」

というのは実に明確な定義だ。

風度という以上、度というメモリがついているので、これは温度や湿度のように
ある程度をさす。高いとか低いとかという計り方がされる。風度が高いと言えば、

「その人には、その人ならと敬服する人が沢山いる」

ということだろう。反対に、

「風度が低い」

というのは、

「あの人の言うことなら絶対に信用しない、あの人の命ずることなら絶対に反対する」

というように、その人の全人格的なオーラ（気）が、逆に嫌悪感をもよおし、憎んだり馬鹿にしたり、恨んだりするような気を発散しているということだろう。風度というのは、曰わく言い難しで、人望・愛嬌・魅力・カリスマ性などが混合された一言で言えない雰囲気のことである。

ここで孔子が言う、

「信頼」

というのも、その人物がいままで培って来た誠実な学習から生まれた人柄をいうのに違いない。

牛車や馬車を引く人にとって、横木やくびきがかじの役割を果たしている。つまり人が、その横木やくびきに絶大な信頼感を置いているからこそ、重い道具を牛や馬に引っ張らせて走ることができるのだ。もしもそれを止めている横木やくびきに人が不信感を持っていたら、人は馬車を走らすことができないだろう。孔子というのは実にうまいたとえ方をする。

先例の中に真理は潜む

子張《しちょう》問う、十世知るべきや。子曰わく、殷《いん》は夏《か》の礼に因《よ》る。損益する所知るべきなり。周は殷の礼に因る、損益する所知るべきなり。其れ或いは周を継ぐ者は、百世と雖《いえ》ども知るべきなり。

◇子張問、十世可知也、子曰、殷因於夏礼、所損益可知也、周因於殷礼、所損益可知也、其或継周者、雖百世亦可知也。

制度史の専門家である門人の子張が孔子にきいた。「十代先の王朝のことが予測できましょうか」。先生はこうお答えになった。「中国古代の殷の国は、その前代の夏の王朝の制度をうけ継いだ。しかしそれを丸ごとうけ継いだわけではなく、ある部分は廃止し、ある部分は新しく加えている。また、周は前代の殷の制度をうけ継いだが、やはりある部分を廃止したり、ある部分を新しく加えている。だから、周のあとを継ぐ国があれば、当然周の制度をうけ継いで、ある部分を廃止したり新しく加えたりするだろう。これを繰り返していけば、十代先の王朝がどういうものになるかは勿論のこと、百代先でも予想することができる」

＊

現代の日本は、戦国時代と幕末の開国時代がダブって訪れた時代だと言う。今までの日本の歴史に例がない時代だ。そこで、経営者やリーダーが持つべき条件の最大のものは、

「先見力」

だと言われる。が、今のような複雑な時代が、

「今後どうなるのか」

ということを予測するのはなかなか難しい。二千数百年前に、制度史の専門家であった孔子の門人子張は、師にこのことを率直に尋ねた。孔子は、それまでの国家

の歴史を辿って、

「それぞれ、新しいことを始めているように見えるが、実を言えばそのかなりの部分は前代から引き継いだものであり、それを一部修正して確立したものだ。だから、この分析と論法を進めていけば、百代先の国家像も予想できるだろう」

と言い切っている。

つまり、

「先見力というのは、勘や才能に頼るものではなく、過去の統計を綿密に分析することから始めることが大切なのだ」

と告げている。

戦国時代、この先見力に最も優れていたのは織田信長である。そのために織田信長は、

「天才だ」

と言われた。ところがその信長自身、

「天才などという者はこの世に存在しない。天才だと見える人間も、ほんとうは不断の努力を重ね、小さな事実を積み重ねる努力によって生まれたものだ。おれは、生まれつきの天才など信用しない。小さな努力を積み重ねる部下が大好きだ」

と言っている。軍事や政治の大天才と言われた信長がこういうことを言うのだか

ら、信長の部下はどれだけ励まされ勇気づけられたかわからない。

孔子の言葉はもう一つの解釈をすれば、

「ものごとにはすべて継続性と連続性がある」

ということだ。どんなに新しく創造されたように見えることでも、実を言えばその創造されたものには基があり、根があるということだ。後人は先人の完成したものを分析し、

「ここは残そう、ここは捨てよう」

という取捨選択の修正（ローリング）を加えて、自分なりの完成品をつくりあげていく。しかしそれもまた、次の代になればたちまち修正される。

芸術の発達を見ていても同じだ。文学や絵画や演劇や音楽なども、はじめは、

「模倣からはじまる」

と言われる。模倣に模倣を重ねているうちにいつの間にかそれが、

「新しく創造された作品」

に変わっていく。しかし、専門家がつぶさにその作品の因って来たる所以を調べていけば、

「この作品は、あの時代のこの部分を残し、この時代のこの部分を取り入れている」

ということが判明する。人間の営みの歴史というのはそういうものだ。したがって、会社の仕事も同じだ。

「先例はすべて古い」

と言って、レトロや化石扱いするのではなく、

「先例の中に潜んでいる真理を発見しよう」

という、先例に対する謙虚な取捨選択の態度も必要だ。

第三
八《はち》佾《いつ》篇

誠実さを貫け

子曰わく、君に事《つか》うるに礼を尽くせば、人以て諂《へつら》えりと為《な》す。
◇子曰、事君尽礼、人以為諂也。

先生がおっしゃった。「主君にお仕えして礼を尽くすと、人々は必ずそれを諂い（おべっか・おもねり）だという」

定公問う、君、臣を使い、臣、君に事《つか》うること、これを如何《いかん》。孔子対《こた》えて曰わく、君、臣を使うに礼を以てし、臣、君に事うるに忠を以てす。
◇定公問、君使臣、臣事君、如之何、孔子対曰、君使臣以礼、臣事君以忠。

魯国の君主である定公が、孔子にきいた。「主君が臣下を使い、臣下が主君に仕えるにはどのようにしたらいいでしょう」。孔子はこう答えられた。「主君が臣下を使う時は礼によるべきだと思います。また臣下が主君に仕えるには忠によるべきです」

＊

諸国を遊説して歩いた孔子が、魯国の大臣になったことがある。魯国の君主は定王の時代で、その九年（紀元前五〇一年）から十三年（紀元前四九七年）までの間だ。この頃は春秋時代といって、戦国時代が一応鎮まった頃ではあったが、しかし各国の君主の権威が総体的に下落失墜していた。各君主は一様に、

「どのように組織を管理し、人民の敬愛を受けるか」

ということで思い悩んでいた。そのため君主の多くが、

「すぐれた人物から、すぐれた政治論を聴いて実行したい」

と考えていた。孔子たちが、諸国を遊説して歩いたのもそういうニーズ（需要）があったからである。君主たちは己を振り返り、

「自分は完全な君主と言えるのだろうか。どこかに欠けている部分がありはしないか」

ということで悩み、同時に、

「部下の方もまた、自己改革をして心底自分に仕えてほしい」

と期待していた。この時代は、だから、

「あるべき君主像と、期待されるべき家臣像」

が求められていた時代でもあった。今でも、

「あるべきリーダー像や、期待される部下像」

ということがよく論議されるが、こんなことは孔子の時代の二千五百年も前も同じだったのである。

孔子は定公の信任を得て、きかれることに的確な回答をもたらした。定公は喜んで、孔子をいよいよ重く用いた。ところが、魯国に古くから仕えている連中から見れば、

「新参の孔子という妙な学者が、定公に気に入られている。あれはきっと、定公の好むことばかり告げて、おべっかを使っているからに違いない」

と噂した。孔子の耳にもどんどんこういう噂が入って来る。そこで孔子は、前段の、

「自分では主君に対し礼を尽くしているつもりなのに、周りでは諂っていると悪口を言う」

と嘆いた。定公があるべき君主の心構えや、あるべき家臣のありようを尋ねると孔子は、

「トップは部下に礼を尽くし、部下は上司に忠を以て仕えるべきです」

と答えた。

日本の戦国時代に横行した考え方に、

「下剋上」

というのがある。これは、

「下が上を乗り越える」

という考え方だ。そして、具体的には、

「君、君たらざれば、臣、臣たらず」

と主張した。

「上が上らしくなければ、部下も部下らしくしない」

というケツまくりの論理である。そして日本の戦国時代には、この「君、君たらざれば」という意味を、

「部下の生活保障能力のないトップ」

のことだと定義した。そのために、戦国時代は、

「主人が部下を選ぶ」

ということだけでなく、

「部下が主人を選ぶ」

という時代でもあった。こんなことが長く続いては、使用者側はたまったもので

はない。そこで平和な徳川時代に入ると、儒教が持ち込まれて、

「君、君たらずとも、臣、臣たれ」

というようになった。

「トップがトップらしくなくても、部下は部下の本分を尽くせ」

という、使うものにとってははなはだ都合のいい論理の押し付けである。

ここに例示された孔子の考え方も、ややこれに似ている。ところが大きな違いがある。それは、孔子は、

「部下がトップに忠を尽くす代わりに、トップの方も部下に礼を以て応じなければならない」

と「部下に対する礼」を重視していることだ。部下に礼を尽くすというのは、

「部下の能力を正当に評価し、その寄与度に対しては必ず公平な評価を行った上で、論功行賞を行う」

ということだろう。一方的に、

「部下である以上、トップに忠誠を尽くせ」

という押し付けではない。トップと部下との間における「出力と入力の相互交流」というべき〝フィードバック〟を求めている。

こんな話がある。第五代将軍徳川綱吉の最大の寵臣は側用人の柳沢吉保だった。

綱吉はやや狂的な君主で、世界でも類例のない「生類憐れみの令」という妙な法律まで出した。小動物を人間の上位に置くという倒錯社会を出現させた。徳川時代の歴史を見ていても、将軍とその寵臣のある際立った関係が問題になったケースは沢山ある。そして、その将軍が死ぬと必ず寵臣は重い罰を受けるか、追放された。少なくとも失脚する。

ところが柳沢吉保だけは別である。将軍綱吉が死んで、生類憐れみの令もすぐ廃止された。第六代将軍の最大のブレーンだった学者の新井白石は、口を極めて前代の将軍を補佐したブレーンを罵った。勘定奉行に対しては、

「死刑にしたいくらいだ」

とまで言った。これは新井白石だけではなく、

「前代の失政の責任者として、将軍よりもそのブレーンを処罰する」

という原則は、代々行われていた。にもかかわらず、新井白石は柳沢吉保だけは絶対に攻撃しなかった。柳沢吉保は、罰を受けることもなく円満に退職し、江戸市中に造った六義園《りくぎえん》という別荘で、悠々自適の晩年生活を送っている。

これは、柳沢吉保が全方位的に処世術がうまかったということもあろう。しかしそれだけではない。吉保は常にこう言っている。

「自分は、たとえ主人の考えや行いが悪くても、諫めて聞かなければ、それに従っ

たまでだ。それが、主人に対する忠節だと思って務めて来た」

この言葉が、新井白石たちを頷かせたのである。この言葉は正しく、孔子の言った、

「君に仕うるに忠を以てす」

という言葉を、柳沢吉保が理解し、実行していたことを物語る。柳沢吉保は将軍綱吉と同じように、儒教にかけては大変に造詣が深かった。綱吉も、部下に講義を行えるほどの学力があった。そうなると、

「多少の問題があっても、その人間に誠意があり、それを貫けば周囲の人々はそれなりに理解する」

ということになる。これは、前に書いたことと矛盾するようだが、人間はやはり、

「何をやっているか」

だけではなく、

「だれがやっているか」

というやり手の問題も関わりをもって来る。これもまた前に書いた、

「風度が高いか低いか」

ということにもなる。風度が低ければ、

「あいつの言うことなら、徹底的に懲らしめてやる」

ということになるだろうし、風度が高ければ、

「少し問題はあるが、あいつのやることならやむを得ないか」

と許容してしまうこともあるのだ。柳沢吉保はまさに、

「許容された存在」

であった。しかしかれは、綱吉に仕える上で、片時も、

「おべっかやお世辞で諂う」

などということはしなかった。終始一貫して、

「誠実さによって忠を貫く」

という態度をとり続けた。これがおそらく、口やかましい新井白石の目にも、

「柳沢殿だけは別だ」

と思わせたのにちがいない。これもまた前に出た、

「人間における信頼の大切さ」

ということにつながる。柳沢吉保には、牛や馬が安心して車を走らせていくモチベーション（動機づけ）としての、

「他人からの信頼感」

が大きく備わっていたのである。

お粥になるな、おにぎりの米つぶになれ

子、魯《ろ》の大師《たいし》に楽《がく》を語りて曰わく、楽は其れ知るべきのみ。始めて作《おこ》すに翕如《きゆうじよ》たり。これを従《はな》ちて純如たり、皦如《きようじよ》たり、繹如《えきじよ》たり。以《もっ》て成る。

◇子語魯大師楽曰、楽其可知已、始作翕如也、従之純如也、皦如也、繹如也、以成。

孔先生が魯国の音楽団の長とこんなお話をなさった。「音楽の仕組みは非常にわかりやすいものです。まず、打楽器が高らかに鳴り響くと、続いて各楽器の合奏が流れます。そして管弦の各分担がはっきりと旋律を奏《かな》で、ずっと続いて余韻を残し一節が終わります」

*

職場における組織のチームワークをよく音楽にたとえる人がいる。リーダーは指揮者だ。そして、各成員が、それぞれの職務分担に応じて自分の仕事をする。

しかし、チームワークが大事なので、一人の成員が自分の楽器だけをことさらに

目立たせようとして、突出した奏で方をすれば、全体のハーモニーが崩れてしまう。この辺が難しい。それを指揮者が巧みに調和していく。

このチームワークの在り方について、わたしはよく、

「お粥になるな、おにぎりの米つぶになれ」

と話す。お粥というのは、自分の主体性を完全に放棄してしまって、汁に大事なところを吸われてしまう。従って、楽団になぞらえれば、なげやりな演奏をするということだ。仕事も同じだ。いっぽう、おにぎりの米つぶになれと言うのは、

「おにぎりという組織に握られてはいても、自分が米つぶであるという主張を忘れるな」

ということである。

握られているということは、組織の秩序を守り、重んずるということだ。米つぶがそれぞれ好き勝手に、自分のやりたいことをやればいいということではない。難しいが、

「組織の秩序を守りながら、その秩序の中で自分の主体性を生かしていく」

これが正しい組織内成員のあり方ではなかろうか。その意味では、ハーモニーを生み出す楽団のチームワークと、その中においても、

「それぞれの楽団員が、自分の技量をフルに生かして楽器を奏でる」

という自己主張は、組織管理にも大いに役立つものだ。
ちなみに、孔子は非常に音楽好きであったという。

自己信仰も生きる技術だ

儀《ぎ》の封人《ほうじん》、見《まみ》えんことを請う。曰わく、君子の斯《ここ》に至るや、吾れ未だ嘗《かつ》て見ゆることを得ずんばあらざるなり。従者《じゆうしや》これを見えしむ。出《い》でて曰わく、二三子、何ぞ喪《そう》することを患《うれ》えんや。天下の道なきや久し。天将《まさ》に夫《ふう》子《し》を以て木鐸《ぼくたく》と為さんとす。

◇儀封人請見、曰、君子之至於斯也、吾未嘗不得見也、従者見之、出曰、二三子何患於喪乎、天下之無道也久矣、天将以夫子為木鐸。

ある集落の国境役人が、孔先生にお会いしたいと言った。役人は「この国境をお通りになる立派な方には、わたくしは必ずお目通りを願っているのです。ぜひ先生にお目にかからせてください」。あまりにも役人が熱心なので供の者は孔子に会わせた。役人は孔子に会った後、出て来てこう言った。「お供をなさっている皆さんは、いま諸国を放浪しているからといって決して心配することはありません。世に道が行われなくなってから実に久しいものがあります。しかし、天はあなた方の先生をこの世の指導者になさろうというお考えがあるのですから」

＊

よく〝木鐸《ぼくたく》〟という言葉が使われる。

「世の中に警鐘を鳴らす」

あるいは、

「世の中の規範になる」

という意味に使われる。しかし本当の意味は政府が人民を集めて法令を布告する時に鳴らす木の鈴のことを言う。振り子が木でできた小さい鐘のことだ。これによって、普通は政治や思想、文化の指導者のことを言うようになった。

しかし現代のように価値の多元化社会になると、

「なにが木鐸か」

という合意を得ることはなかなかむずかしい。とくに若いビジネスマンの理解は多様だ。そういうときは、

「自分のいっていることは、この会社での木鐸だ」

と、つよい自己信仰をもつことが大切だ。自己信仰も生きる技術である。

第四

里《り》仁《じん》篇

意思表示は積極的にせよ

子曰わく、富と貴《たつと》きとは、是れ人の欲する所なり。其の道を以てこれを得ざれば、処《お》らざるなり。貧しきと賤《いや》しきとは、是れ人の悪《にく》む所なり。其の道を以てこれを得ざれば、去らざるなり。君子、仁を去りて悪《いず》くにか名を成さん。君子は食を終うるの間も仁に違《たが》うこと無し。造次《ぞうじ》にも必ず是《ここ》に於《お》いてし、顚沛《てんぱい》にも必ず是に於いてす。

◇子曰、富与貴、是人之所欲也、不以其道得之、不処也、貧与賤、是人之所悪也、不以其道得之、不去也、君子去仁、悪乎成名、君子無終食之間違仁、造次必於是、顚沛必於是。

先生がおっしゃった。「富と名声とはだれでも欲しがる。しかしその得方が、勤勉や高い人格という正しい方法によって得たのでなければ、そこにいつまでも安住はしないものだ。また貧乏と賤しさとはだれでもいやがる。しかしそれも、それを得るための怠惰や下劣な人格でそうなったのでなければ、道徳の高い人はそれも避けない。君子は食事をする間も仁のことを忘れることがない。また、どんな事件が起こってもきちんとそこにいて、つまずいて倒れる時でさえ仁を頭の中においている」

＊

ちょっと難解な文章だが、ビジネスマンの職場における昇進や降格にたとえてみるとわかりやすい。ここでの孔子の考え方でおもしろいのは、

「どんなに出世しても、それが正当な理由によって得たものでないのなら、安住すべきではない」

ということと、反対に、

「自分がおとしめられたのが、自分自身の怠惰や人格の卑しさに基づくものでないのなら、じっとしているべきだ」

ということである。前者はともかく、後者の考え方はおもしろい。普通なら、

「自分の身におぼえがないのなら、抗議したり、あるいは怒りの声をあげて不当な扱いを職場で公にすべきだ」

ということになるだろう。ところが孔子は、

「身におぼえがなかったら、じっとしていろ」

というのである。この辺の考え方の底には、あるいは、

「野に遺賢無し」

という考え方があるのかもしれない。つまり、

「どんなにおとしめられても、本人が真実優秀なら、必ず上の者が発見して、再度登用するはずだ」

という、一種の楽観主義があるのだろう。しかし、現在の世の中ではこれは前にも書いたように無理だ。ある程度、

「やりたい仕事や行きたい職場、あるいは就きたいポスト」

については、

「意思表示」

をすることも大事だ。黙っているのでは、なかなか発見して貰えない。これは、通勤電車に乗っている時も同じだ。立っているのが辛くなって、前の席を見ると少し隙がある。疲れて立っているビジネスマンは、

(気を利かせて、座っている人が詰めてくれればいいのに)

と思う。しかしこれは、そのことを口にしなければ相手にはわからない。

「すみませんが、ちょっと詰めてください」

と自分から意思表示しなければ、相手の方は逆に意地の悪い気持ちを持つかもしれない。

（何とも言わないのだから、座る気がないのだろう。この人は立っていたいのだ）

と思うかもしれない。この辺のコミュニケーションは、現代の世の中ではなかなか難しい。職場においても同じだ。

こういうように、この本では時々、

「孔子の教えに背くのではないか？」

と思われるような〝現実対応〟を、わたしは書く。が、これは孔子が間違っているのではない。今の世の中の方が悪くなっているのだ。つまり、孔子の説く、

「天の理」

が、そのまま通用しない世の中に変わって来ている。それだけ人間の悪知恵が発達したということだろう。したがって、昔の心ある学者は、

「孔子の教えに近づこう」

と考えて自分を磨いた。結論から言えば、

「孔子の教えは正しい。いつでも孔子の教えに近づくべきなのだ。ところが、それを簡単には許容しないような社会に発達してしまった。人間知がそうさせてしまった。だから、妥協策としては、

「せめて、孔子の教えた天の理に近づくように努力しつつ、現実に対応していく」

ということが、現代に生きるわれわれの選択肢の一つなのである。その例として

前に、

「野に遺賢無し」

という言葉を、わたしは、

「それは昔のことであって、今は野は遺賢だらけだ」

と書いた。これもつまり職場社会がそういうふうに変わってしまったからだ。しかしわたし自身は心の底では、あくまでも、

「野に遺賢無し、という言葉が理想ではなく、現実に存在するようなものであってほしい」

という願いは持ち続けている。つまり、

「優秀で、才能のある人物は、どんなに遠くの職場で地道に仕事をしていても、必ず発見される」

ということを信じたいのである。これには、野の遺賢の方がそう働き掛けるよりもその前に、人事をある程度動かせる立場にある人がそうしなければならないことは言うまでもない。それがそうなっていないから、わたしのような憎まれ口や、犬の遠吠えのような論を現実対応として述べざるを得ないのである。

馴れ合いに身を委ねるな

子曰わく、我れ未だ仁を好む者、不仁を悪《にく》む者を見ず。仁を好む者は、以てこれを尚《くわ》うること無し。不仁を悪む者は、其れ仁を為す。不仁者をして其の身に加えしめず。能く一日も其の力を仁に用いること有らんか、我れ未だ力の足らざる者を見ず。蓋《けだ》しこれ有らん、我れ未だこれを見ざるなり。

◇子曰、我未見好仁者悪不仁者、好仁者無以尚之、悪不仁者其為仁矣、不使不仁者加乎其身、有能一日用其力於仁矣乎、我未見力不足者、蓋有之乎、我未之見也。

先生がおっしゃった。「わたしはまだ仁を好む人にも不仁を憎む人にも会ったことがない。仁を好む人は、もうそれ以上のことはしないし、不仁を憎む人はそれなりに仁を行っているからだ。つまり、不仁を自分に影響させないように努力している。また、不仁者にそれ以上不仁を行わないように仕向けている。そうなると、いかなる不仁者でも一日ぐらいは、自分の力を尽くして仁を行うことができるのではなかろうか。自分は、その力さえ持っていないという人間には出会ったことがない。いや、そんな人間がいるかもしれないが、わたしは今まで会ったことがない」

＊

この一文は『論語』の中でも一番わかりにくい文章だと言われている。いろいろ解釈できるからだろう。先学たちの研究結果をそのまま頂戴して、わたしなりに解釈すれば、ここで問題になるのは、

「日常仁を行っている者」

ではない。もう一つの例にあげている、

「不仁を憎む者は、その憎む行為によって実は仁を行っているのだ」

という解釈である。職場にもよくいる。つまり、

「いいことばかりしている社員」

と、

「直接いいことはしないが、悪いことをしている人間を嫌い、憎み、その罪を暴く社員」

の二つのタイプがある。前者は、だれからも尊敬され敬愛される。しかし、後者の場合は誤解を受けることがある。

「あいつは、いつもひとのあらを探したり、重箱の隅をほじくってばかりいる。自分のことを振り返らないで、他人を責めてばかりいる」

と言われる。こういうタイプは得てして孤立し、嫌われる。しかしこれは大事なことだ。つまり、組織には必ず、

「組織の論理」

が生まれる。組織の論理が悪い方に発展すると、〝お粥〟になってしまう。つまり〝馴れ合い〟だ。

たとえそのことが悪いことだとわかっていても口に出さない。

（こんなことを口にすれば、自分は疎外されてしまう。組織から弾き出されてしまう）

と、既成の馴れ合いの論理に身を委ねてしまう。これでは、組織内の変革はできない。組織内の合意を生む機関に会議がある。この会議が馴れ合いの象徴的なものだ。が、この会議について、かつて実業界の大立者土光敏夫さんはこう言った。

「会議というのは、自分の全知全能を傾けて、言葉による戦いを行う場だ。したがって、馴れ合いや、他人の意見にすぐ同調するような者は会議に出る資格はない」

厳しい言葉だ。しかし、この土光さんの言葉に反するような会議が、多くの会社や役所で行われていたからだろう。

人の気持ちは環境によって変わる

子曰わく、人の過《あやま》つや、各各《おのおの》其の党《たぐい》に於いてす。過ちを観て斯《ここ》に仁を知る。

◇子曰、人之過也、各於其党、観過斯知仁矣。

先生がおっしゃった。「人のあやまちというのは、それぞれの住んでいる里の風俗によるものだ。そこに住む人々の犯すあやまちの態様を見れば、その地域における仁の浸透がどの程度かよくわかる」

＊

この文章では「党」の解釈がいろいろあるようだ。荻生徂徠は、「郷党」と解釈し、ひとによっては「仲間褒め（馴れ合い）」を意味するという。

いずれにしても、古代中国の歴史においては、「里」が人の生きる単位で、多くの住民はその里から出ることはなかったと言われるから、やはり、「その里における風習に、どこまで仁が染み込んでいるか」

という解釈が正しいのだろう。
職場も同じだ。やはり、職場も、
なのだから、言ってみれば各部とか各課というのは、
「人の集まり」
「その組織内における〝里〟」
と言っていい。そうなると、それぞれ里には特性がある。その特性を現代では
〝地域特性（コミュニティー・アイディンティティ）〟と言っている。職場の特性を醸し
出しているのは、その職場の成員だ。成員のキャラクター（性格）が寄り集まって
相乗効果を起こし、ひとつの職場の雰囲気を生む。
現在、日本の全自治体では、
「まちづくり」
が盛んだ。何のためにまちづくりを行うかと言えば、
「今住んでいる人達が、その地域に生きがいや死にがいを感じるような魅力を作り
出そう」
ということだ。地域における新しい文明の生産だと言ってもいい。職場も同じ
だ。自分たちが仕事を楽しく、また喜びを持って行うためには、何と言っても職場
づくりが大切だ。

「水は方円の器に従う」

という言葉がある。方円の方は四角い入れ物、円は丸い入れ物だ。水を人間に置き換えると、

「人間の気持ちも、今住んでいる環境によってどうにでも変わる」

ということになるだろう。水は重箱のような四角い容器に入れられればたちまち四角く姿を変え、コップに入れられればためらうことなく丸く姿を変える。職場も同じではなかろうか。したがって、

「職場の空気」

をつくりだすのは、やはりそこに勤めている成員の責務だ。特に新人を迎えるような時に、この空気が悪いと新人たちはたちまち嫌気がさす。新人は、純粋な水だから、場合によっては汚染してしまう。そうさせないためには、

「常に、職場の雰囲気を、清く、楽しく、明るく」

しておく必要があるだろう。これはあくまでも、先にその職場にいた人達の責任だ。

現実を越えて理想を追求せよ

子曰く、朝《あした》に道を聞きては、夕べに死すとも可《か》なり。

◇子曰、朝聞道、夕死可矣。

先生がおっしゃった。「朝に真実の道を聞くことができたら、その日の夕方には死んでも本望だ」

＊

有名な孔子の言葉だ。短い文章だが、これに孔子の一切の理想が込められていると言う。そして孔子がこの言葉を口にしたのは、

「ここで言うような道のある社会は、絶対に来ない」

という絶望から発したと言われる。

この言葉を職場に適用したらどういうことになるだろうか。つまり、

「職場における真実の道の実現」

とはどういうことだろうか。わたしは次のように考えている。

一、その組織に属する成員のすべてが、自分の行っている仕事の目的をきちんとわきまえている。そして、その目的実現に参加することに喜びを感じている。

二、自分の行った仕事が、組織目的にどれだけ貢献したか、その寄与度を上役がきちんと教えてくれる。それによって、仕事に対するやり甲斐を感じている。

三、もし寄与度があるとすれば、それに対し正当な信賞必罰が行われる。つまり、寄与度が高い場合には、ボーナスが増えたり昇進の道が開けたりする。もし怠けた場合には、それなりの懲らしめを受ける。

こういうことがきちんと行き届いていて、別な言葉を使えば、

「組織内の仕事に組織内において、全成員が自分のやる仕事に対し納得している」

という状況が、強いて言えばこの孔子の言う、

「職場における真実の道の実現」

ではなかろうか。しかし、これは言うは易く行うは難しと言っていい。ほとんど実現されていないことだ。しかし、それは、

「永遠に実現できないこと」

ではなく、

「成員の努力によっては、必ず実現できること」

なのである。今でも職場にはこういう、

「現実を越えて、理想を追求する社員」

が必ずいる。わたしは胸の中にひとつの座右銘を持っている。ルーマニアの作家コンスタンチン・ゲオルギュがかつてこういうことを言った。

「たとえ世界の終末が明日であろうとも、わたしは今日リンゴの木を植える」

あまりにも楽天主義であり、能天気だと思うかもしれない。しかし人間の営みには、こういう、

「たとえ世界が明日滅亡しても、わたしは今日もリンゴを植え続け、おいしい実を生《な》らせて、他人に差し出したいと思う」

という強靭なヒューマニズムが必要だ。職場においても同じだろう。やる気のあるひとが何人か集まれば、必ずそういう職場は実現できる。全成員の理解や協力を得るのは難しい。わたしは、

「百人の成員のうち、五人やる気のある人間がいれば、その職場は絶対に改革できる」

と思っている。つまり、五人の力が足し算ではなく、掛け算になるからだ。百の能力を持つ人々が五人集まっても足し算では五百にしかならない。しかし百を五回乗ずることができれば、そのパワーは大変な数になる。それが職場改革の推進力になっていく。

王道を行け

子曰わく、利に放《よ》りて行えば、怨み多し。

◇子曰、放於利而行、多怨。

先生がおっしゃった。「利益ばかり求めるような行動をしていると、怨みを招くことが多い」

＊

中国古代の政治思想に、「王道」と「覇道」の二つがあった。

王道というのは、

「仁や徳を持って行う政治」

のことであり、覇道というのは、

「権謀術策によって行う自己中心の政治」

のことだ。

王道を行う人を王者と言い、覇道を行う人を覇者と言う。王者というのは、別に

王様のことではない。王道を行う人ということだ。職場にもこの二つのタイプがある。王者というのは、

「自分の利益を考えずに、能力のある者を発見しつつ、組織目的のよりよい完成を目指す社員」

のことであり、覇者はそうではなく、

「自分の立身出世ばかり考えて、権謀術策を巡らしては、他人を次々と陥《おとしい》れるような社員」

のことである。

前に孔子が呟《つぶや》いた、

「明日に道を聞けば、夕べに死んでもいい」

ということは、この王道が世の中にあまねく行き渡ることを望んだからだろう。職場でもこの王道が行き渡ることが言ってみれば、

「職場における真実の世界の実現」

につながる。したがってこれを妨げる覇者に対しては、

「不仁を働くもの」

として、厳しく退けられなければならない。ところが往々にして、

「悪いやつほどよく眠る」

の言葉どおり、覇者が横行するのが現実の世の中だ。したがって、王道を行おうとする人々は結束して、権謀術策ばかりめぐらす覇者を排除していくことが必要だ。一時期マスコミを賑わせた金融機関や企業の不祥事の続出は、その組織において王者ではなく、覇者が横行していたに違いない。

人間の論理は時に天の論理を越える

子曰わく、位なきことを患《うれ》えず、立つ所以《ゆえん》を患う。己を知ること莫《な》きを患えず、知らるべきことを為すを求む。

◇子曰、不患無位、患所以立、不患莫己知、求為可知也。

先生がおっしゃった。「地位が得られないことを気にかけるよりも、その地位に相応しい実力のないことを反省しよう。自分を認める人がいないと言って嘆かずに、人に認められるような実績をつくるように努力しよう」

＊

二千五百年前に生きていた孔子が、こういういわば「組織と人間」に関する心構

えを説いていたのはおもしろい。しかしこの言葉も、

「他人の評価以前に、自分の実績を構築しなさい」

ということで、例の、

「野に遺賢無し」

という言葉につながっていく。つまり、自分からPRしなくても、こつこつと地道な努力をして実績を上げていけば、必ずそれは他人の目に触れ、しかるべき地位を与えられるという考えだ。この考えが、今では多少甘く、かなり通用しないものであることはしばしば書いて来た。しかしそれは孔子が悪いのではなく、そうなってしまった現代のわたくしたちの世の中が悪いのだ。

このいわば、

「理想と現実の差」

あるいは、

「天の理に背く現実社会の汚れ」

について、現代に生きるビジネスマンを少しほっとさせる考え方をご披露しよう。それは、二宮金次郎の有名な、

「水車の論理」

である。二宮金次郎の水車の論理というのは、一言で言えば、

「時に、人間の論理は、天の論理を越えることがある」

というものだ。金次郎はある時水車の回転を見ていた。そのうちに、

「天の理というのは、川の水を上流から下流に流すことだ。つまり、水は低きに流れ行くというのが天の理だ。もし、水車がそのまま天の理に従っていれば、水車は川下に流されてしまうだろう。ところがそうではなく、水車は途中から空中に身をもたげて、自分で回転をしている。これはどういうことだろう。つまり水車は、半分は天の理に従いながら、半分は天の理に逆らっているからなのだ。天の理に逆らうというのは、川に流されずに途中から身を起こして宙に浮き上がり、天の理によって得た動力をそのまま今度は人間の理として活用しているからだ」

と気が付いた。水車は下半身を川の中に浸している。そのために、上流から来る水の圧力によって動力を得る。動力を得た水車は、今度はそれを活用するために川から身を放す。そして宙に上半身を浮かべて得た動力を活用し自分を回転させる。

この、

「天の理によって得た動力を、人間の理によって活用する」

ということがそのまま〝水車の論理〟なのだと金次郎は考えたのである。これは非常に人間に勇気を与える考え方だ。金次郎はそれだけでなく、

「稲と雑草」

についても同じことを言っている。農民は、稲が育って来ると稲と稲との間に生えた雑草を引き抜いてしまう。金次郎から見れば、

「天は、万物に平等な生命を与えている。おそらく稲も雑草も区別はしていないだろう。生きとし生けるものに生命を与えるのが天の理だ。ところが農民は、雑草に稲の養分を吸い取られてはたまらないので、引き抜いてしまう。ということは、雑草の生命を絶つということだ。これは天の理に背く人間の理だ。しかし人間の理を活用しなければ、稲が育って人間は米を口にすることができない。したがって、人間は天の理だけで生きているのではなく、人間の理も十分活用している」

というものだ。

職場においても、いろいろ嫌なことが起こると、

「天命だ」

とか、

「運命なので人力ではどうしようもない」

などというぼやきや言い訳が聞こえることがある。しかしこれは間違いだ。二宮金次郎の考え方によれば、

「人間の論理は、時に天の理を越える」

という。これは、職場におけるいろいろな難問題を解決する上で大いに役立つ励

ましの言葉である。だからこそわたしは前に、「今は〝野に遺賢無し〟などという状況は期待できないので、やはり就きたいポスト、やりたい仕事があったら、多少は自分の方から働き掛けを行うことが必要だ」と書いたのだ。これはつまり、「天の理に反する人間の論理を大いに勇気を持って活用しよう」ということである。

人の心を大切にせよ

子曰わく、参《しん》よ、吾が道は一以《いつもつ》てこれを貫く。曾子《そうし》曰わく、唯《い》。子出《い》づ。門人問うて曰わく、何の謂《い》いぞや。曾子曰く、夫子《ふうし》の道は忠恕《ちゅうじょ》のみ。

◇子曰、参乎、吾道一以貫之哉、曾子曰、唯、子出、門人問曰、何謂也、曾子曰、夫子之道、忠恕而已矣。

人名が二つにわかれているが、参というのは曾子のことだ。そこで、先生がおっしゃった。「曾子よ、わたしの道は一つのことで貫かれているよ」。曾子は「はい」

と応じた。孔子が出て行ったあと他の門人が曾子に尋ねた。「いまのお話はどういうことでしょうか？」。曾子はこう言った。「先生の道は真心と他人への思いやりだけだということです」

＊

忠と言えば、すぐ主人に対する忠誠心と考えがちだが、必ずしもそうではない。忠というのは、

「自分の良心に背かないこと」

という意味がある。恕というのを、一般に「ゆるす」という意味に受け止めがちだが、それだけではない。

「他人の立場に立ってものを考えるという、優しさや思いやり」

のことだ。思い出す言葉がある。前に、アメリカで流行した、

「ＥＱ」

のことを紹介し、親子の例にあてはめてみた。これを改めて企業にあてはめてみよう。

まず、全社員に適用できることは、

「社員として、会社に関わりのあるお客様の立場に立っていつも仕事を考えていますか？」

「わたくしの属する会社は、何よりもお客様を大事にしていますので、われわれ社員も常にお客様の立場に立って仕事を考えます」

「立派です。点数は最高点の五点です。では次に、お客様のニーズを全部把握していますか?」

「しています」

「立派です。これも五点です。ではそのニーズを、あなたの会社ではすべてお客様に提供していますか?」

「していません」

「なぜですか?」

「お客様のお求めになる品物の中には、うちの会社の能力を超えたり、あるいは技術開発がまだできていないものもあります」

「そういう場合はどうしていますか?」

「同じ傘下にある別会社で可能なものは、そこを紹介しています。傘下の会社で駄目な場合には、全くうちとは関わりのない会社でも、可能な会社を紹介しています」

「立派です。五点です」

ということになる。職場でのリーダーシップの発揮の仕方にも適用できる。

「あなたは、常に部下の立場に立ってリーダーシップを考えていますか？」

「考えています」

「立派です、五点です。では、部下のニーズを全部把握していますか？」

「把握していると思います」

「五点です。ではそのニーズを全部満たしていますか？」

「満たしていません」

「なぜですか？」

「部下の要望の中には、わたしの権限を越えるものもあります。また、入社式の時に社長が、失敗を恐れずに勇気を持ってベンチャー精神を発揮して欲しい、思いきって仕事をした結果うまくいかなかった時は、わたしが責任を取るとおっしゃったので、若い人達はそれを真に受けているのです。ですから、折に触れてわたしのやり方が生温いし、あるいは官僚的だとか、さらに社長の本心がわかっていないなどと批判します」

「その時にあなたはどうしますか？」

「社長が言ったのは理想であって、すぐ秩序に当てはまるというわけではない。会社は組織なのだから秩序があり、君達の直属上司はわたしなのだ。したがって、わたしも君達と一緒に仕事をしていく以上は、自分なりの経験と主体性を発揮する、ということを懇々と説明します」

「すぐ納得しますか？」

「しません。ですから時間と根気をかけて、とにかく納得するまで説得を続けています」

「立派です。オール五点です。あなたのEQ度はとても高いと言えます」

というようなことだ。これは昭和三十年代に日本に入ってきたいわゆる、

「ハーバードシステム」

と言われた〝マルバツ式〟の選択法ではない。あの選択肢方式がいつの間にか廃《すた》れて来たのは、

「人間問題を、マルバツ式にしてしまった」

ということで、〝心情（センチメント）〟を重んずる日本の職場風土に合わなかったからだ。しかしその日本の職場風土も最近では、

「日本式経営はもう役に立たない」

と言われ、次々と捨てられている。ところが、そうは言うもののこの「EQ」に見られるように、アメリカ人の方がかえって、

「人間の心を大切にしよう」

という運動をはじめているのだ。その意味で、

「心のパテント」とでもいうようなお国柄である日本人が、この方法を活用しない手はない。前に書いた、「職場における王道と覇道」にも関わりを持って来ることだが、孔子の言った、「忠恕のみ」という基準は、職場の健全化や理想化に、大いに役立つはずだ。その実現方法として、ここに書いたEQを活用することも、決して無駄ではないだろう。

一期一会を実行する

子曰わく、賢《けん》を見ては斉《ひと》しからんことを思い、不賢《ふけん》を見ては内に自ら省《かえり》みる。

◇子曰、見賢思斉焉、見不賢而内自省也。

先生がおっしゃった。「すぐれた人に出会えば同じようになりたいなと思い、愚かな人を見た時には自分もああいう人間ではないかと反省する」

＊

これこそ、前に書いた、「職場における一期一会《いちごいちえ》の実行」そのものズバリである。

皆で知恵を出し合え

子曰わく、古者《こしや》、言をこれ出ださざるは、躬《み》の逮《およ》ばざるを恥じてなり。

◇子曰、古者、言之不出、恥躬之不逮也。

先生がおっしゃった。「昔の人が軽々しく自分の考えをすぐ口にしなかったのは、そのことがなかなか実行できないということを恥じていたからだ」

＊

職場にこういう人がいたら、さぞ奥ゆかしい人だという評価を受けるだろう。しかし、だんだんに少なくなった。というよりも、そういうように自己の内部に沈潜

していては、組織目的を実現することができないという厳しい状況が展開している
からだ。ではどうすればいいか。わたしは、

「みんなで知恵を出し合って、能力不足を補い合う」

という討論が必要だと思っている。つまり、

「どうしてもこのことをやり遂げたいのだが、自分にはまだその力がない」

と思ったら、時間のある時に、職場の人達に正直にこのことを打ち明けて、

「力を貸してもらえないか」

と訴えることだ。

全く話は違うが、わたしは若い頃〝対人恐怖症〟に襲われた。つまり、同じ係に属していても、ほかの係員からプレッシャーを受けて自信を失ってしまった。そのために、他の係員を見る目がおどおどとし、常に俯《うつむ》く。言語失調症に陥り、言葉が全然出てこない。つまり、

「仕事はやりたいけれども、自信を失ったので言葉も出せない」

という状況に陥ったのだ。孔子の言う、

「奥ゆかしさゆえに、軽々しく言葉を口にしない」

とは違う。対人恐怖症をわたしはどうして克服したか。随分悩んだ。酒も飲んだ。そして、朝から酔って職場に出たこともある。みんなも不審がった。ひそひそ

話をする。つまり他の係員にすれば、

「自分たちの責任で、あいつはあんな変な人間になってしまったのではないか」

と反省し合ったのだ。その好意がよくわかるから、わたしはいよいよいたたまれなくなった。そこである日、素面《しらふ》になって職場に行き、朝みんなが揃ったところで立ち上がってこう言った。

「わたしはいま病気に罹っています。対人恐怖症です。でも、病気ですから自分で何とか治そうと努力します。そういうわけですから、あなた方を見る目が歪んだり、言葉が出なかったりしていろいろとご迷惑を掛けるかもしれません。でもわたしは仕事が好きです。ですから、どうか力を貸してください」

言った途端、わたしは何か不思議な安堵感を覚えた。つまり対人恐怖症というのは、他人に対して、その病気を恥ずかしく思うから、他人に知られまいと努力する。そうなると余計悪循環が起こって、本人は苦しむ。わたしもそうだった。つまり、わたしが気がついたのは、

「対人恐怖症を隠そうとするからよくないのだ。現実がそうであるのに、そうではないということを無理して示そうとするから、自分自身がいよいよ苦しむのだ」

ということだった。では、気が楽になるのにはどうしたらいいか。

「みんなの前で、正直に自分の状況を話すべきだ」

と心を決めた。だから、ある朝、

「自分は対人恐怖症という病気に罹っています」

と正直に告白したのである。これがみんなの理解を深めた。

「そうだったのか」

と、みんなは顔を見合わせて安心した。つまり自分たちのせいで、わたしがこんなへんな対応を見せているのではない、ということがはっきりしたからだ。これがきっかけになって、他の係員たちはわたしの仕事についてもいろいろ意見を言うし、また、

「ああいうやり方はまずいのではないか」

と率直な批判もしてくれた。このまとめに一番努力してくれたのが係長だった。係長もわたしの変化に気づき、ずっと気にしていた。しかし何を話しかけても、すぐわたしが否定したり、席を立ったりしてしまうので手の出しようがなかったのである。

「君が正直に言ってくれたので、ほっとしたよ。みんなも安心したに違いない」

そう言ってくれた。はにかみ性《しょう》はわたしの性格なので、その徴候は完全に消えたわけではない。が、対人恐怖症や赤面恐怖症というような症状は完全に克服できた。いまでは、結構多くの聴衆を前にして講演も行っている。しかし、講演を行う

たびに、最初の五分か十分は必ず胸はドキドキし、足は震える。つまり初対面の人達に話しかける緊張感がそうさせるのだ。が、そういう時もわたしは、

「わたしは対人恐怖症に罹っていますから、みなさんのお顔の見えないメガネに掛けかえます」

と言って笑わせ、現実にメガネをそういう物に換える。聴衆の顔が見えなくなると、わたしは自分の言いたいことが話せる。これも自分を守るための一つの便法だ。

もし、こういう悩みを持つビジネスマンがいたら、早い機会に正直に、

「こういう状況です」

と恥ずかしがらずに自分の症状を告げた方がいい。そうすれば、それをいいことにして、寄ってたかって足を引っ張るような悪人も考えを改める。みんな協力してくれるはずだ。

「ここで孔子が言っていることと全然関係ないじゃないか」

と怒る読者がいるかもしれない。しかしわたしは同質だと思っている。つまりここで孔子が言うのは、前に書いた、

「孔子の教えは天の理だ」

と仮定すれば、これは到底今の現実の職場では守れない。こんな奥ゆかしいこと

を言っていたのでは、それこそ部屋の隅に追いやられてしまう。今はある程度、「自分はこういう人間なのだ、ということを発表することも、仕事の一部だ」という時代だ。つまり、二宮金次郎の言う、「天の理を越える人間の論理」なのである。その辺を孔子流に告げたのが、次の一文だ。

不言実行せよ

子曰わく、君子は言に訥《とつ》にして、行《こう》に敏《びん》ならんと欲す。
◇子曰、君子欲訥於言、而敏於行。

先生がおっしゃった。「立派な人は、口数は少ないが、実行には敏捷でありたいと望む」

＊

前の文章では、「自分に実行できないと思うとつい口が重くなる」

と言っていた。ところがここでは、

「口が重くても、実行は敏捷でありたいと願う」

と言って、いわゆる、

「不言実行」

を説いている。これは、自分の自信のなさを克服して、

「とにかく実行してみよう」

というわば、

「見る前に崖から跳ぼう」

というベンチャー精神の発揮だと言える。こういう点、孔子はなかなか心配りが
細かい。つまり、

「静的思索の次元」

にだけ沈湎しているわけではない。たちまち、

「行動を起こそう」

と、不言実行の策を説くのである。

徳がある人は皆が守ってくれる

子曰わく、徳は孤《こ》ならず。必ず鄰《となり》あり。

◇子曰、徳不孤、必有鄰。

先生がおっしゃった。「道徳を守る人は、得てして孤立しているようだが決してそうではない。必ず親しい隣人が現れるものだ」

*

これは、ビジネスマンが自分のいる職場で、

「王道を実現するか、覇道を実現するか」

ということによっても違ってくる。つまり、ビジネスマンの一人ひとりが王者になろうとするのか、それとも覇者になろうとするのかによって、この、

「孤独な徳の守り手」

の存在が浮き彫りになる。王道を実現するような雰囲気が職場にあれば、こういう人は絶対に孤独ではない。単数の隣人どころか、全社員が隣人になる。しかし覇道が行われているような職場では、こういう人は得てして孤立する。そして、

「自分だけ正しいと思って、高みからわれわれを見下ろしている」

とか、

「どうもあいつは付き合いにくい」

などと言われる。

こんな話がある。吉田松陰が下田（静岡県）からアメリカに密航しようとしてバレた。自首した松陰は幕府から、

「藩に戻って謹慎せよ」

と命ぜられた。吉田松陰は長州藩の学者だった。藩に戻ると、藩政府は松陰を萩の野山獄という牢屋にぶち込んでしまった。この牢屋は当時としては変わっていた。というのは、罪人だけが入牢していたわけではない。

「家庭内での持て余し者」

も、所要経費を付けてここにぶち込まれた。言ってみれば、家族から見放され、一種の姥捨て山に捨てられたのである。そういう人物の中に、富永有隣《とみながゆうりん》という学者がいた。有隣の号はいうまでもなく、ここで孔子が言った、

「徳は孤ならず。必ず鄰あり」

からつけたものだ。ところが有隣という号を持ちながらも、富永は家族から嫌われて何十年もこの牢にぶち込まれていたので、性格が歪んでいた。

たまたま入った吉田松陰は、

「どんなに辛い場所でも、必ず幸福な場所に変えよう」

という積極的な活動家だ。牢屋に入れられた松陰は、

「福堂策」

ということを考え出した。福堂策というのは、

「辛い牢屋を幸福なお堂のようなものにする計画」

というものだ。

役人に提出したこの案によると、
・入牢者の食事の改善
・予防のために、医者の定期的巡回
・囚人同士による勉強会の開催
・犯罪者以外の入牢者の期間を限ること
などであった。入牢者の中には、前に書いたように犯罪者だけではないので、いろいろな職業の人がいる。富永有隣は学者だった。俳句の先生もいた。書道の先生もいる。松陰はこれに眼を着けた。そこで、こういう入牢者たちを訪ねては、

「入牢者に、あなたの得意な俳句を教えてください」

とか、

「みんなに、字の書き方を教えてください」

などと頼んだ。俳句の会が開かれた。しかし、富永有隣は参加しなかった。かれ

は臍《へそ》を曲げていた。

「吉田という若造が、余計なことをして、静かな牢内を掻き回している」

と面白くなかった。その富永を松陰が訪ねた。そしてこう言った。

「あなたの有隣という号は、おそらく孔子の言われた徳は孤ならず、必ず鄰ありからおとりになったものでしょう。あなたはここにいらっしゃっても、沢山の隣人がおります。その隣人たちが、あなたの学殖を頼みにして、学問を教える会や、書道を教える会を開いてほしいと言っています。どうか、そうしてあげてください」

と誘った。富永有隣は、疑い深そうな顔で松陰を凝視していた。ところが松陰は、あのつぶらな瞳で全く何の私心もなくそういう誘いをかけたので、しまいには有隣も折れた。

「では、その隣人たちのところに出掛けるか」

と言った。松陰は喜んだ。この時有隣は苦笑してこう言った。

「吉田君よ、わたしの号は有隣ではなく、無隣とすべきだったな」

富永には自分のかたくなな性格がよくわかっていたのである。しかし松陰は、

「そうですね」

とは決して言わなかった。逆に、

「そんなことはありませんよ。富永先生は、沢山の隣人をお持ちです。それは先生

に徳があるからです。どうか、首を長くしている隣人たちを指導してやってくださ
い」
と言った。やがて松陰は許されて自分の家に戻り、松下村塾を開く。この松下村塾の最初の客員教授として招いたのが富永有隣であった。ということは、松陰は富永有隣の釈放運動を熱心に行い、それだけでなく自分の主宰する塾に客員教授として迎えたのだ。しかし吉田松陰の政治活動が次第に過激になったので、富永有隣は去って行った。

この有隣をモデルにして、明治の大文豪幸田露伴は、

『富岡先生』

という小説を書いている。

今の職場にも、こういう、

「孤高の人」

は存在する。しかし、現代の職場における孤高の人というのは、どちらかと言えば、

「自分の周りにいる人々を高みから見下ろす」

ような性癖を持った人だ。たしかにその人にすれば、自分なりに生涯学習を続け、教養を身につけて、周りの連中を見ると、

「つまらないことに関心を持ち、キャーキャー騒ぎ合っては、時間を無駄にしている馬鹿なやつら」

に見えることだろう。が、『名将言行録』という古い書物にこんな一文がある。それは、寺沢広高という唐津城を造った大名が、

「人間を城の天守閣から見下ろしても、だれも何とも感じない。しかし、道脇の二階家から見下ろされると、見下ろされた人間は腹を立てる」

至言だ。間近なところから馬鹿にされれば、された人間は怒る。そういうことが積み重なって、見下ろしている人間を次第に敬遠していく。敬遠するというよりも、憎んでいるかもしれない。こういう立場に立っている、

「孤高の人」

がいないだろうか。つまりそういう孤高の人というのは〝独りよがり〟であって、

「周りと全く協調性が持てない」

という偏屈な人間なのだ。孤高の人とは別だ。孤高の人というのはもっと品格が高い。そして、孤高の人は自ずから、その発する雰囲気によって、周りの者が親しみを持ち、敬うようになる。だから何かにつけ、

「なになにさん、こういうことはどうすればいいんでしょうか?」

と意見を聞きに行く。それがそうでなく、

「あいつにきいても、おそらくけんもほろろな、木で鼻をくったような返事しか貰えない。きくだけ時間の無駄だ」

というような印象を持たれたら、その人は孤高の人ではない。むしろ、

「狷介《けんかい》の人」

と言っていいだろう。孤高と狷介とは別物だ。

最近はリストラばやりで、場合によっては「生首を切られる」というようなことが起こる。この時に、

「切る側の論理」

と、

「切られる側の論理」

とは必ずしも一致しない。一致しないというのは、

「切られる個人の論理」

が何であるかの見極めが大事だということである。一概に言い切れないかもしれないが、ここで孔子が言う、

「徳は孤ならず、必ず鄰あり」

というように、普段から徳を発揮して、沢山の隣人を持っている人は果たして、

そういう目にあうだろうかという素朴な疑問が湧く。

「みんなが守ってくれるのではなかろうか」

ということだ。もちろん、徳のある人もない人も一緒くたにして、全部生首を切るような例には当てはまらない。が、少なくとも、

「切る側が、切られる側を選ぶ」

というような選択の余地がある場合に、この、

「徳は孤ならず、必ず鄰あり」

という言葉をよく思い出す。

諫言は誠意を込めてせよ

子游曰わく、君に事《つか》うるに数数《しばしば》すれば、斯《ここ》に辱《はずか》しめられ、朋友に数数すれば、斯に疏《うと》んぜらる。
◇子游曰、事君数斯辱矣、朋友数斯疏矣。

子游が言った。「主人にお仕えして、あまりうるさいことを言うと、必ず嫌がら

れる。そしてしまいには恥辱を受けることになる。友達も同じだ。あまりうるさくつきまとうと、みんなから嫌われ、しまいには仲間外れにされてしまう。友達も同じだ。あまりうるさく

*

徳川家康がこんなことを言っている。

「諫言は一番槍よりも難しい」

諫言というのは言うまでもなく、

「主人に対して、厳しい意見を述べる」

ということだ。しかし、諫言を述べるということは、土光敏夫さんではないが、

「自分の全知全能を注いで、相手にひとの言わないメッセージを送ることだ」

ということであれば、一種の戦いだ。そうなると、極度の緊張が必要になる。つまり、

「相手の非を正すために、何を言うか」

ということはよほど吟味しなければならない。同時にまた、

「こういう意見を言って、他に目立とう」

とか、

「出世の足掛かりにしよう」

というような、いわゆる〝私欲〟が垣間見えると、たちまち見破られる。あるい

は、

「とことんこういうことを言わないと気が済まない」

というような、パフォーマンス（自己表現）志向を含めたような、芝居がかった言い方をするとこれもまた見破られる。言ってみれば、

「ミエミエの料簡」

があると、相手には通じない。かえって嫌われる。

家康の言うのはもっと意味が深い。かれは、

「諫言をする者は、誠心誠意主人のことを思ってすべきだ。どこかに一かけらでも卑しい心があると、必ずそれがあとで発酵する。発酵するというのは、諫言をした方がいろいろと考え込むことだ」

つまり、

「少し言い過ぎたのではないか、自分は誠心誠意主人に諫言をしたのか、それとも、出世したい、目立ちたいという気持ちがあってあんなことを言ったのか。周りの者はどう思っているだろうか。第一、諫言をされた主人がどう思っているだろうか。自分を嫌いにならないだろうか。今までよりも、重く用いてくれるだろうか」

などと、考えを巡らすことがある。こんなことを考えはじめたら切りがない。諫言をした者は次第に神経を患う。そして、周囲の目を気にするようになる。そうな

ると、周囲もそういう目で見る。

「なんだ、こいつは出世したくて主人に諫言をしたのか。卑しい奴だ」

という見方をする。諫言をした者は、勤めに出るのがつらくなる。仮病を使って休んだりする。諫言をされた主人も気づく。

「どうした、あいつは。この頃少しも会社へ出てこないではないか」

「どうも病気のようです」

「あいつが？　信じられないな」

こういうやり取りをしていると、主人の方も、

（あいつは、何か下心があっておれに諫言をしたのではないか？）

と思う。たまに出て来ても、顔はやせ細り、目はキョロキョロと落ち着かない。いつも周りをうかがうような表情をしている。主人の方はそんな顔は見たくない。結局は、

「次の異動の時期に、あいつはどこかへ飛ばせ」

ということになってしまう。家康が言うのは、

「諫言というのは、よほど誠意を込めて言わないと、両者の人間関係がギクシャクして来る。しまいには破綻する」

という意味だ。さすがに人間通の家康の洞察力は鋭い。しかし家康は、『貞観政

要（唐の太宗と侍臣たちとの問答集。とくに諫言に関する問答が多い）』の愛読者だ。またかれは、管理職を一ポストについて複数任命したり、「庄屋《しょうや》仕立《じた》て」という合議制・集団指導制を徳川幕府に導入した人物だ。

「他人の意見を聞く」

ということにかけては、家康の右に出る者はない。したがって家康は、

「相手が誠心誠意諫言してくれるのならば、きちんと耳を傾けよう」

という考え方を持っていたトップリーダーだ。ただかれは、諫言をする者がそのことによって自分を売り込んだり、あるいは自己陶酔に浸るようなパフォーマンス志向があると、これを嫌った。

「それなら、合戦の時に命懸けで真っ先に敵陣に突っ込んでいく一番槍の方がよほど信じられる」

ということなのである。

第五

公《こう》冶《や》長《ちょう》篇

才能に溺れるな

子貢、問うて曰わく、賜《し》や如何《いかん》。子曰わく、女《なんじ》は器なり。曰わく、何の器ぞや。曰わく、瑚璉《これん》なり。

◇子貢問曰、賜也何如、子曰、女器也、曰、何器也、曰、瑚璉也。

子貢が先生にお尋ねした。「わたくし（賜というのは子貢の名なので）は、何にたとえられましょうか？」。先生がこうお答えになった。「おまえは器だ」。そこで子貢は「何の器でございましょうか？」ときいた。先生は「瑚璉（宗廟のお供えを盛る貴い器のこと）だ」とお答えになった。

＊

この一文には、わたしが思い出すエピソードが二つある。ひとつは、江戸中期の有名な文学者上田秋成とその妻のことだ。上田秋成は『雨月物語』や『胆大小心録』などを書いて有名だ。しかし、孤高狷介の性格で、人間嫌いだった。妻に対しても、屈折した意地悪をした。夫婦はそれまで大坂で商売をしていたが、それをやめ

て京都に移り住んだ時に、妻も文筆の道を志した。そこで夫に、

「なにかペンネームをつけてください」

と頼んだ。秋成は即座に「瑚璉がいいだろう」といった。「瑚璉というのはなんですか？」と聞くと、秋成はここに書いた孔子と同じような答え方をした。つまり、「貴い器のことを言うのだよ」と言った。妻は喜んで、夫がくれた瑚璉という号をペンネームにした。ところがそれ以後夫の秋成は、妻を呼ぶ時に、「これこれ」という。妻は思い当たった。（夫は、わたしのことをこれ、これと呼びたいために瑚璉などというわたしの知らない知識をひけらかして、妙な名を付けたのだ）。しかし、妻の瑚璉は忠実に秋成に仕え、わがままな夫の文学修業を支えぬいた。

もうひとつのエピソードは、松下村塾におけるものだ。松下村塾は言うまでもなく幕末に、長州藩の学者だった吉田松陰が開いた私塾である。ある時、門人の一人が一枚の絵を書いた。暴れ牛がいる、きちんと正座した坊主頭の若者がいる、木刀がある、さらに一本の丸太棒が描かれてあった。覗き込んだ門人の山県有朋（当時は狂介と名乗っていた）が、ひとつの絵についてきいた。

「暴れ牛はだれだ？」「高杉晋作だ」「きちんと座っているのはだれだ？」「久坂玄瑞だ」「木刀は？」「入江九一だ」「この棒は？」「おまえだ」。これにはさすがの山県有朋も呆れて口が利けなかったという。しかし山県は怒らなかった。

(なるほど、松下村塾ではまだおれはただの棒にすぎないのだ)

と自覚し、それからは夢中で猛勉強をしたという。

おもしろいのは、孔子がけっこう門人たちの人物評をやっていることだ。子貢は才気走った人物で、常に、

「おれは君子だ」

と威張っていた。孔子の耳にも子貢のこの言葉が入っていたので、孔子にすれば多少懲らしめてやりたいという気があったのだろう。つまり、子貢の衒気《げんき》(てらいのこと)を叩き折らなければ、子貢のためにならないと考えたのである。そこで、器にたとえたのだが、ただの器では可哀相なので瑚璉という貴い器だと言ったのである。子貢が孔子のいう意味を完全に理解したかどうかはわからない。しかし、職場にも子貢のような人間は沢山いる。自分の才能に溺れ、自惚れが強く、

「おれほどすぐれた人間はいない」

ということをひけらかす。周りから見ると、鼻持ちならない。前に諫言を自惚れや、パフォーマンス志向で行う嫌みな人間のことを書いたが、これと同じだ。

口先上手な人間は役に立たない

或るひとの曰わく、雍《よう》や、仁にして佞《ねい》ならず。子曰わく、焉《いずく》んぞ佞を用いん。人に禦《あた》るに口給《こうきゅう》を以《もっ》てすれば、屢屢《しばしば》人に憎まる。其の仁を知らず、焉んぞ佞を用いん。

◇或曰、雍也、仁而不佞、子曰、焉用佞、禦人以口給、屢憎於人、不知其仁也、焉用佞也。

ある方が言われた。「孔子の門人の雍は人柄は立派だが口下手だ」。これをきいた先生（孔子）はこうおっしゃった。「口先のうまい人間が何になるとおっしゃるのですか。口のうまい人間は、口先で他人をおとしめることがありますから、必ず人から憎まれます。雍が仁の人であるかどうかはわたしにもわかりません。しかし口先上手というのは、それほどこの世の中で役に立たないと思います」

＊

孔子はこういう答え方をしているが、雍に対しては普段から、

「かれは人格の立派な人間だ」

と褒めたたえていた。雍は仲弓といった。孔子が推薦して季氏の宰（家令）を務めていた。或るひとというのは、おそらく季氏のことだろう。せっかく孔子が推薦

してくれたけれども、口が下手なので季氏は不満だったのだ。そこでつい雍について の不満を漏らした。ところがめずらしく孔子はきっとなって、

「雍が仁の人であるかどうかは保証できない。しかし、この社会では口先だけでは決して他人から敬愛されない。むしろ言葉によって人をおとしめるから、人から憎まれることが多いのだ」

と、くって掛かっている。自分が愛する門人をけなされて怒った孔子の弟子に対する愛情がうかがえる話だ。

戦国武将で、人使いの名人と言われた蒲生氏郷にこんな話がある。重役が、

「現場に、大変才覚のある若者がおります。お側でお使いになったらいかがでしょう」

と推薦した。氏郷はその若者を召し出して小姓に使った。が、しばらくすると氏郷は重役を呼び出し、

「あの若者を現場に戻せ」

と言った。重役は変な顔をして、

「なぜでございますか？」

ときいた。氏郷はこう言った。

「あの若者は、口が達者すぎる。そして、わたしの好きな人間に対してはべた褒め

をし、わたしが嫌いだと思う人間に対してはメチャメチャな悪口を言う。そんな人間はわたしは嫌いだ。だから、あいつはもう一度現場に戻して、苦労させた方がいい」

人使いの名人と言われた氏郷は、見る目が確かだった。もし雍が蒲生氏郷の下に仕えたとすれば、氏郷は季氏のようなことは言わなかったろうし、孔子も、

「わたしの弟子も、いい主人にめぐり会えて幸福だ」

と思ったに違いない。

木を育てるように人を育てよ

孟武伯《もうぶはく》問う、子路《しろ》、仁なりや。子曰わく、知らざるなり。又た問う。子曰わく、由《ゆう》や、千乗の国、其の賦《ふ》を治めしむべし、其の仁を知らざるなり。求《きゅう》や何如《いかん》。子曰わく、求や、千室の邑《ゆう》、百乗の家、これが宰《さい》たらしむべし、其の仁を知らざるなり。赤《せき》や何如。子曰わく、赤や、束帯《そくたい》して朝《ちょう》に立ち、賓客《ひんきゃく》と言わしむべし、其の仁を知らざるなり。

◇孟武伯問、子路仁乎、子曰、不知也、又問、子曰、由也、千乗之

国、可使治其賦也、不知其仁也、求也何如、子曰、求也、千室之邑、百乗之家、可使為之宰也、不知其仁也、赤也何如、子曰、赤也、束帯立於朝、可使与賓客言也、不知其仁也。

孟子がよく知っている貴族の孟武伯が、孔子の門人についていろいろお尋ねになった。「子路は仁ですか?」。先生は「わかりません」とお答えになった。孟武伯はさらにお尋ねになった。そこで先生が言われた。「子路は、千台の戦車を出せる国で、軍事を担当させれば適任だと思います。仁の方はわかりません」。そこで孟武伯は「求はどうでしょうか?」とおききになった。先生はこうお答えになった。「求は、千戸の町や、百台の戦車を出せる家老の家で、執事のポストに就かせれば非常に適任です。しかし仁であるかどうかはわかりません」。「赤(公西華のこと)はどうですか?」。先生はこうお答えになった。「赤は、束帯の礼服をつけて、朝廷で重い役に就け、大切なお客様のお相手をさせればピタリと決まります。しかし仁であるかどうかはわかりません」

*

これも心のおけない旧知の貴族孟武伯とあけすけに行った、孔子の「門人批評」と言っていい。ちょっと、吉田松陰に似ている。というのは、この篇の題名である

「公冶長」というのは、孔子が見込んで自分の娘を嫁にやった人物だからだ。しかし公冶長の詳しいことはわかっていない。

吉田松陰は、久坂玄瑞を見込んで妹をその妻にさせた。そして前に書いた、「松下村塾の門人を、暴れ牛やきちんと座った坊主頭の武士や、あるいは木剣や丸太棒にたとえて描いた絵」

を思い出すと、ここで孔子が答えた、たとえば赤が、

「礼服を着て、朝廷で大切な客のお相手をする」

というのは、そのまま久坂玄瑞を思い出す。千台の戦車を指揮するのは高杉晋作だろう。大きな家の執事がつとまるというのは、入江九一かもしれない。吉田松陰が、『論語』に書かれたこういうことを知っていて、自分の門人に対するいろいろな評をしたかどうかはわからない。しかし、伝えられるところによると、松陰は、

「とかく、初対面の人間を過大評価する癖があった」

という。しかしだからと言って松陰はそういう人々に裏切られたことはない。裏切ろうとしても、松陰の人柄が相手の裏切りを許さない。それほど松陰の方がひたむきに相手を信ずるからだ。

これは、職場でも同じだ。リーダーが、自分の無能力をそっちのけにして、

「自分がこれだけ一所懸命鍛えてやっても、相手は全然応じない」

とすぐぼやくタイプがいるが、必ずしもそうではないだろう。そういうリーダーはまだ、

「相手への愛し方が不足している」

のである。

江戸中期の肥後熊本の藩主細川重賢《しげかた》は、「名君」と言われたが、かれは熊本城内のリーダーたちに常にこう言っていた。

「おまえたちは、国家の名大工さんである。木を育てるように、人を育てよ」

木を育てるということは、木はそれぞれ種類が違う。

「この木はなんの木だろう」

と木の本質を見抜いて、その木の種類を確定し、それに見合った肥料を与え、時に剪定《せんてい》をしたり、あるいは添え木をしたりして育てることが大切だというのだ。つまり、

「部下が五人いれば、五通りのリーダーシップが必要になる」

ということだ。それには、孔子のように、

「この門人には、こういう長所があり短所がある」

という観察をすることが先決だ。が、孔子はいずれの門人についても、孟武伯に対し、

「こういう能力や長所はあるが、仁であるかどうかはわかりません」

と言っているのはおもしろい。

人との接点を大切にせよ

宰予《さいよ》、昼寝《ひるい》ぬ。子曰わく、朽木《きゅうぼく》雕《ほ》るべからず、糞土《ふんど》の牆《かき》は杇《ぬ》るべからず。予に於いてか何ぞ誅《せ》めん。子曰わく、始め吾れ人に於けるや、其の言を聴きて其の行を信ず。今吾れ人に於けるや、其の言を聴きて其の行を観《み》る。予に於いてか是れを改む。

◇宰予昼寝、子曰、朽木不可雕也、糞土之牆、不可杇也、於予与何誅、子曰、始吾於人也、聴其言而信其行、今吾於人也、聴其言而観其行、於予与改是。

孔子の門人で宰予という男が、仮病を使って昼間から奥で寝ていた。これを見た先生がおっしゃった。「くさった木に彫刻をすることはできないし、泥の垣根に上塗りをすることもできない。宰予に対して、もうこれ以上叱ることはできない、つまり叱っても仕方がない」。先生はさらに言われた。「わたしは今まで他人に対して、その言うところをよく聞いて、行いを信用して来た。しかし、これからはそれをやめて、まずそのことばを聞いたら、行動をよく観ることにする。こういうようにやり方を変えるきっかけをつくったのは、宰予だ」

＊

ここでも孔子は、「言行不一致」や「口先上手の人間」を嫌っている。孔子の門人の中で、宰予と子貢は特に、

「口のうまい人間」

と見られていた。だから孔子は、仮病を使って昼間から怠けている宰予をみて、これを自分の信念のひとつの実例として、

「これからは態度を改める。その人間が口にしたことを、本当に実行しているかどうか行動の方も重視する」

と宣言したのである。事件そのものはつまらない些事だが、実を言うと、この時の孔子は、

「宰予を、異端の思想を持つ門人と観ていた」

という先学の研究結果がある。宰予は、どちらかと言えば能力主義・実用主義者であって、孔子の理想主義・伝統主義には異論を抱いていた。言ってみれば、

「現実対応の方が大事だ」

という傾向が強かったらしい。したがって孔子にすれば、常々宰予に対しそうという気持ちを持っていたから、この昼寝がきっかけになって、ピシャリと門人教育の厳しいモノサシを打ち出したのだ。これは孔子が、

「単に教える立場」

というものではなく、あくまでも、

「門人と共に学ぶ立場」

をとり続けていたと言っていい。この場合の孔子は、宰予と同じ床を踏んでいる。師弟ではない。

「共に学問を学ぶ者」

としての自覚があり、さらに、

「自分の学問の方が正当であり、正しいのだ。宰予はまちがっている」

という学風の選別があった。

こういうように、師の学風と、弟子の学風が違うというケースは、吉田松陰の場合も同じだっただろうし、違う分野で言えば松尾芭蕉の俳風においても同じだったろう。もっと言えば、キリストについても同じだ。キリストの死後、十二人の弟子たちはそれぞれの説を唱えて散って行った。中には、明らかに、

「反キリスト的立場」に立つ者もいた。権力からの圧迫に耐えかねて、「キリストなんて知らない」と逃げる者もいた。この辺は、実を言えば裏切った弟子だけを責めるわけにはいかない。つまり師の教えというのは、あくまでも、

「全方位から受け止め得る多面体」

なのである。したがって、Aはある角度から師の説を受け止める。Bは違う角度から受け止める。Cはまた別な角度から受け止める。そういうように、すぐれた師というのは、

「三六〇度方位に、その説を投げかけ得る存在」

なのだ。したがって学ぶ方は、師の、

「全存在を受け止める」

という場合もあるだろうし、

「ある部分だけを受け止める」

という場合もある。あるいは、

「自分なりの独断によって受け止める」

ということも起こり得る。偉大な宗教家親鸞の場合も、その息子善鸞は、全く父

親とは違う説を唱えた。理想を追究する親鸞に対し、この善鸞はここに書かれた宰予のように、

「現実対応」

を重視した。

職場におけるリーダーも、この多面性を意識すべきだろう。

「こいつは、いくら導いても、理解しない。頭がどうかしているのではないか」

と思うような部下に会うこともあるだろうし、また逆に部下の方からすれば、

「この上司は、一体何を言っているのだ？　こんなことは、常識ではないか」

と反発することもある。つまり人間関係というのは、

「ある人間の部分と、異なる人間の部分とが接点を設け、それがコミュニケーションの回路として、情報交換したり、討論したり、合意を得たりするもの」

なのである。両者が完全に皆既日食のようにオーバーラップするなどということは現在ではあり得ない。

「接点としての部分を、いかに大切にしていくか」

ということが、現代社会におけるリーダーシップの在り方になるだろう。その意味では、古い社会におけるリーダーシップのとり方は、特に日本式経営体系に組み込まれていたものとは、今日では雲泥の差がある。それだけ人間が高度化したとい

うことだ。したがって、現代のリーダーは、まず、

「孤独である」

という立場に徹しなければならない。

「だれからも愛され、好かれている」

などというリーダーは有り得ない。だれかに好かれれば、必ずだれかに嫌われる。だれかに褒められれば、必ずだれかに憎まれる。それを承知の上での付き合いが必要なのだ。あるリーダーがこんなことを言った。

「今のような複雑な価値社会では、リーダーはその選択肢にいつも迷う。決断が必要だ。だからリーダーの置かれた位置は、山の上の一本松だと言っていい。風当たりが強い。しかしそれに負けていたら、吹き倒されてしまう。しっかりと根を張って自分を支えなければならない。自分を支えなければ、枝葉の部分、つまり部下や家族まで一緒にひっくり返ってしまう。したがって、この孤独感に耐えられるような精神がなければ、とてもリーダーはつとまらない」

わたしはそのリーダーにきいたことがある。

「では、その決断をする時の基準というのはどういうものですか?」

リーダーは答えた。

「自問自答をします。百の要素があるとすれば、一つ一つについてこれは是、これ

は非と自分で是非を決めます。しかし、容易に決めきれません」

「その時はどうするのですか？」

「五十一対四十九です」

「え、どういうことですか？」

「つまり自分で自分に問い、自分で答えを出した結果が、賛成が五十一なら、反対が四十九でも踏み切るということです」

「相当厳しいですね」

「今はそうですよ。判断中止、見切り発車を恐れていたら、決断はできません。ですからどんな決断にも必ずリスクが伴います。しかし、リーダーはある面で、政治性も必要です。四十九の反対をそのままにしておいては駄目です。切り崩して、五十一プラスアルファという形に、賛成票を増やしていくことが必要でしょう」

この話を聞いて、わたしはつくづくと、

(今の組織におけるリーダーというのは実に大変だな)

と思ったことがある。

公冶長篇は、孔子の、

「門人の評価集」

だ。だからこの評価はまだ続く。以下、その何篇かを、解説抜きで評価だけを取り上げていこう。

正しいことは最後まで貫け

子曰わく、吾れ未だ剛者《ごうしゃ》を見ず。或るひと対《こた》えて曰わく、申棖《しんとう》と。子曰く、棖や慾なり。焉《いずく》んぞ剛なることを得ん。
◇子曰、吾未見剛者、或対曰、申棖、子曰、棖也慾、焉得剛。

ある時先生が「わたしは剛直な人物を見たことがない」とおっしゃった。するとある人が「門人に申棖というひとがいるではありませんか」と言った。が先生はこう言われた。「棖には欲があります。どうして剛直と言えましょうか」

＊

孔子がここで剛直な者と言っているのは、「勇者」のことだという。ある人が言う勇者というのは、力の強い勇気のある人間のことを言っている。しかし孔子が考える勇者というのは、正しいことを最後まで貫く強い精神を持った人間のことだと定義する。この辺の差がある。前に何人もの弟子の話が出た時に、孔子がすべてその

長所を上げつつも、

「しかし仁であるかどうかは知りません」

という突っ放した言い方をしているのもこういう考えがあるからだろう。孔子にとって大切なのはあくまでも心の持ち方なのだ。

言い訳をするな

子貢曰わく、我れ人の諸《こ》れを我れに加えんことを欲せざるは、吾れ亦《ま》た諸れを人に加うること無からんと欲す。子曰わく、賜や、爾《なんじ》の及ぶ所に非ざるなり。

◇子貢曰、我不欲人之加諸我也、吾亦欲無加諸人、子曰、賜也、非爾所及也。

子貢が言った。「わたしは、他人がわたしにしかけて欲しくないことは、自分も他人にしかけることがないようにしたい」。先生がこの言葉を聞いてこうおっしゃった。「子貢よ、それはとてもおまえにできることではないよ」

子貢はたびたび『論語』に出て来る門人だ。しかし、頭がいいだけに、表現力に富んで口がうまい。孔子はそれを心配していた。

だから子貢がこんな偉そうなことを言っても、とてもおまえにはできるまい、必ずおまえは違ったことをするはずだと戒めたのである。前に出た、

「巧言令色鮮矣仁」

という言葉が、子貢にも当てはまる。職場にもこういうタイプはよくいる。普段おいしそうなことばかり言っていて、窮地に陥るとクルリと態度を変える。そして、言い訳をする。

「実は、あの言葉はこういう意味で言ったのだ」

と、今まで言ったこととは全く違う解釈をする。そして、

「君子豹変す」

と嘯《うそぶ》く。本人はうまい冗談を言って逃れたつもりだろうが、聞いていた連中は絶対にしこりを残す。

＊

ものにはタイミングがある

子路《しろ》、聞くこと有りて、未だこれを行うこと能わざれば、唯だ聞く有らんことを恐る。

◇子路有聞、未之能行、唯恐有聞。

子路という門人は、孔子先生から聞いたことがまだ実行できない間は、さらに新しい教えを聞くことを大変恐れた。

＊

子路は子貢と違って、実行を重んずる孔子の教えをよく守った。だから教えを理解しても、自分がそれを実行できなければ、新しい教えを受け止めることを怖がった。孔子はこういう子路を非常に愛していた。

くりかえしになるが、戦国武将で毛利元就の三男で、瀬戸内海の水軍の束ねをする小早川家に養子に入った隆景が、こんなことを言っている。

「おれの部下で、すぐわかりましたという部下にわかったためしはない」

また豊臣秀吉の軍師だった竹中半兵衛がこんなことを言っている。

「人から教えを受ける場合に、早とちりの人間は肝心な要点を質問しないで、枝葉の部分ばかり聞いている。だからいざそれを行った場合にも、うまくいかない。本当に師の教えを実行しようとするものは、教えを徹底的に分析して、わからないことを何遍もきいて確かめ、完全に納得した後で実行に移す」

孔子は、自分の学説や主張を各国の王に説いて、それが実現されることを望んだ。ある意味では孔子もまた、

「仕官の道を求めて歩く浪人」

と言っていい。したがって弟子たちの中には、孔子の門人になることを、

「就職につながる方便」

と考える者もいた。したがって、

「孔子先生の教えの中で、どこを身につければいい仕官の口にありつけるか」

と実利本位で孔子にくっついて歩く門人も沢山いた。孔子はそれを見抜いて、

「仁であるかどうかはわからない」

という厳しい言葉で、そういう処世本位の学び方を戒めた。

しかし、精神だけ高邁で、実際の面に役立つ知識や技術が劣っていれば、それでいいかと言えばこれも困る。戦国時代は、武田信玄が、

「吾、人を用いるにあらず、その技（能力）を用いるなり」

と言い切ったように、いわば、

「能力万能時代」

である。織田信長などその典型だろう。かれが晩年、明智光秀と羽柴秀吉を右腕・左腕として登用していたのは、二人の持つ流動精神と、その情報量の多さによってだ。同時にまた、二人とも、

「仕事は組織で行うもの」

という新しい用兵の技術を持っていたからである。

同じ戦国時代の名将と言われた黒田如水は、こういうことを言っている。

「人は、本人の特性をよく見抜いて遣う必要がある。夏に火鉢は役に立たない。しかし冬は無くてはならないものになる。また、天気のいい日に傘はいらない。しかし雨の日に傘は無くてはならないものになる。これを〝夏の火鉢、日照りのから傘〟と言うのだ」

これは、やる気満々で、いつも、

「親父を越えてやろう」

と自分なりのリーダーシップを盛んに模索していた、息子長政の逸《はや》る心を戒めた時の言葉だ。

徳川家康最大の謀臣と言われた本多正信は、

「夏に行うべき工事を寒い冬に行えば、働く者はひどく疲れてしまう。木を切る時も、竹を切る時もこれと同じで、必ず時期というものがある」

と、

「能力を発揮させるべきタイミングの重要さ」

について、短い言葉だがなかなか含みのあることを告げている。謀臣らしい。

素直になれ

顔淵《がんえん》・季路侍《じ》す。子曰わく、盍《なん》ぞ各各爾《なんじ》の志を言わざる。子路曰わく、願わくは車馬衣《い》軽裘《きゅう》、朋友と共にし、これを敝《やぶ》るとも憾《うら》み無けん。顔淵曰わく、願わくは善に伐《ほこ》ること無く、労を施すこと無けん。子路曰わく、願わくは子の志を聞かん。子曰わく、老者《ろうしゃ》はこれを安んじ、朋友はこれを信じ、少者はこれを懐《なつ》けん。

◇顔淵季路侍、子曰、盍各言爾志、子路曰、願車馬衣軽裘、与朋友共、敝之而無憾、顔淵曰、願無伐善、無施労、子路曰、願聞子之志、子曰、老者安之、朋友信之、少者懐之。

ある時、門人の顔淵と子路が先生のお供をした。先生が二人にこうおっしゃった。「どうだ、おまえたちの望みを言ってみないか」。子路が言った。「自家用の馬車に乗って、いい着物や毛皮が着られる身分になったとしても、それを友達と共用にして、また友達が馬車や衣類をいためたとしても、ちっとも気にしないようになりたいと思っております」。顔淵はこう言った。「自分の善い行いを自慢せず、面倒なことを他人に押し付けるようなことを絶対にしないようになりたいと思います」。子路が言った。「先生のお考えはいかがでしょうか？」。先生はこうおっしゃった。

「わたしは、高齢者に愛され、友人に信頼され、子供に懐かれたい」

＊

この時連れていた顔淵と子路は、孔子が信頼していた門人たちだ。だから孔子にすれば、

「普段おまえたちは建前ばかり口にしているが、こういう機会には、せめて本音を吐いてみろ」

と告げたのだ。ところが二人ともやはり緊張して、建前論を告げた。そのために孔子は、

「老人に愛され、友人に信じられ、そして子供達に懐かれたい」

と、あたりまえの人間が願うような望みを口にした。しかし、この孔子の願いというのは、考えようによっては、

「人間の本当の幸福とはこういうものだ」

ということを示している。

江戸初期の徳川幕府老中で名君と言われた秋元喬朝《あきもとたかとも》という大名がいた。ある雪の日に、二人の子供を連れて、雪が町の人々にどういう影響を与えたかを見に出掛けた。戻って喬朝は子供にきいた。

「今日、どんな感想を持ったか?」

長男はこう答えた。

「あまり雪の中を歩く経験がございませんので、相当辛い思いを致しました。でも、父上のお供だと思えば、弱音は吐くまいと頑張りました」

喬朝は、そうかと言って微笑んだ。そして二男を見た。

「おまえは?」

「わたくしは辛くてたまりませんでした。たとえ父上のお供でも、こんな雪の深い中を歩かされるのは、二度と御免だと思いました」

喬朝は大声で笑った。そして長男にこう言った。

「順序から言えば、おまえがわたしの後を継ぐ。が、おまえは建前ばかり言っている。そんなことではだめだ。弟の方は、正直に民の気持ちになって、雪がいかに暮らしにとって迷惑であるかを実感として告げている。わたし自身も、こんな雪の日に歩きまわるのは御免をこうむりたい。そういう民の気持ちになって、ものを考えるようにしなさい」

喬朝が言うのも、「人間は素直でなければいけない。しかし素直になることの基準は、いつも民の身になって考えることが大切だ」と、政治や行政に携わる者の在り方を教えたのである。

ふり掛かる火の粉は払え

子曰わく、已《や》んぬるかな。吾れ未だ能く其の過《あやま》ちを見て内に自ら訟《せ》むる者を見ざるなり。

◇子曰、已矣乎、吾未見能見其過、而内自訟者也。

先生がおっしゃった。「世の中はもうおしまいだな。わたしは今まで自分の過ちを率直に認め、自分を責めて反省する人間を見たことがない」

＊

世はまさに、〝一億無責任時代〟と言う人がいる。まさかそんなことはないだろうが、しかしいずれにしても、

「おれは知らない、だれがやったんだ？」

と、自分の過ちを他人に押し付けるような鉄面皮な人間が増えて来たことは事実だ。二千五百年前の孔子の時代もそうだったらしい。孔子が求めたのは、

「仁が行き渡る徳に満ちた社会」

だったから、この段階まで来ると、孔子は、

「もうおしまいだ」

と次第にあきらめの念を強く持ちはじめていたのかもしれない。それが結果的には、孔子が故郷に戻って塾を開き、後進の教育に専念するきっかけになる。

しかし、今の世の中では、ただ駄目だと嘆いていたのでは生きてはいけない。わたしは若い頃、テレビドラマの〝柔道一代〟の脚本を書いていた。この主題歌を村田英雄さんが歌った。その歌詞の一節に、
いかに正義の道とはいえど　身にふる火の粉は払わにゃならぬ
というのがある。むかしは、

「たとえ自分に火の粉がふり掛かって来ても、じっと耐えるのが男だ」

と考えていた。しかし、今はそんなことは言っていられない。やはり、この歌の

ように、

「自分に憶えがなければ、身に掛かる火の粉は払わなければならない」

というのが、組織の中における正しい生き方だろう。

そのためには、多少嫌な思いもする。鉄面皮な人間の顔の皮を剝いで、恥をかかせることもある。それがしこりになることもある。しかしそれを恐れていては今の組織では生きていけない。それだけ孔子の時代から遠く隔たった今は、社会悪がはびこっているのだ。

それに立ち向かうには、ただ正義感を持っているだけではだめだ。行動で示さなければならない。同時にまた、理由なく自分にふり掛かって来る火の粉は、振り払い、手で握って揉み消すぐらいの勇気が必要だ。たとえヤケドをしてでもである。

第六

雍《よう》也《や》篇

リーダーの資質とは…

子曰わく、雍《よう》や南面せしむべし。

◇子曰、雍也可使南面。

先生がおっしゃった。「雍は、廟堂政治を執らせても立派につとまる男だ」

＊

雍というのは、仲弓と言って、孔子の弟子だ。しかしすぐれた人物だったので、孔子は、

「南面させてもよい」

と言ったのである。当時の皇帝や王は、廟堂（役所）で、南を向いて政治を執ったり、使節に会ったりしたため、南面すると言うのは、そのまま「政治を執る」という意味に使われた。したがってこの篇では、政治家や軍人の資質について語り合う項目が多い。その中から現代のビジネスマンに直接参考になるようなものを拾い出して掲げよう。

人を推薦する時は腹を括ってせよ

季康子《きこうし》、問う、仲由《ちゅうゆう》は政に従わしむべきか。子曰わく、由や果《か》、政に従うに於いてか何か有らん。曰わく、賜《し》は政に従わしむべきか。曰わく、賜や達《たつ》、政に従うに於いてか何か有らん。曰わく、求《きゅう》は政に従わしむべきか。曰わく、求や芸あり、政に従うに於いてか何か有らん。

◇季康子問、仲由可使従政也与、子曰、由也果、於従政乎何有、曰、賜也可使従政也与、子曰、賜也達、於従政乎何有、曰、求也可使従政也与、子曰、求也芸、於従政乎何有。

季康子が先生にお尋ねになった。「仲由（子路）は政治を執らせることができましょうか」。先生はお答えになった。「子路は決断力に富んでいます。政治を執るのに何の不足もありません」。「賜（子貢）は政治を執らせることができましょうか？」。「賜は大変ものごとに明るいと思います。政治を執るのに何の不足もありません」。「求（冉求《ぜんきゅう》）は政治を執らせることができましょうか」。「求は才能が豊かです。政治を執ることぐらい何でもないでしょう」

＊

季康子は、前にも自分の家宰（執事）にした仲由について、「かれは口下手だが、大丈夫でしょうか？」ときいている。したがってここで、子路や子貢についてふれているが、実際に季康子が知りたかったのは、冉求の能力についてだったと言われる。孔子はその辺のことをちゃんと知っていた。前には、

「たとえ口数が少なくても、冉求は立派に仕事を成し遂げるはずです」と答えている。ここでも、冉求については、

「実に才能が豊かなので、政治を執るくらい何でもないでしょう」と自信を持って言い切っている。しかし孔子がここで答えているのは、単に冉求について、螺旋状に結論に到達するという考え方を示したわけではない。

「政治を執るには必要な資質がいる。それは、見通しを立て、決断し、同時にそれを実行する能力が大切なのだ」

と、先見力・決断力・実行力の要件が、当時の政治を行う人々に欠くことのできない条件だということを告げている。門人の子路には決断力があり、子貢には先見力があるが、ここでいう冉求の才能というのは、

「そのすべてを兼ね備えている」

ということではなかろうか。しばしば冉求について、疑問や不安を持つ季康子に対して、孔子はややうんざりしながらも、冉求を優秀な人物として推薦し抜いている。孔子の門人に対する愛情がうかがわれる。

徳川三代将軍家光の時代に、大目付を務めた中根正盛という武士がいた。大目付というのは、全大名・全幕臣の行動を監視する監察役だ。全大名や全幕臣の細かいことにも目を配る。したがって、それだけ情報が集まり、だれがどういう性格であるかということも知り抜いていた。ある時家光が、

「この役にだれか、いい人間を推薦しろ」

と命じた。中根は、ある武士を推薦した。しかし、家光は使ってみてあまり気に入らなかった。そこで、その武士を解雇し、中根に改めて、

「だれか推薦しろ」

と言った。中根は、家光が解雇した人間を再び推薦した。家光は、

「この間の人間ではないか」

と文句を言った。中根は、

「わたくしが推薦するのは、いつもこの人物でございます」

と言い切った。家光は中根の気持ちを知り、

「わたしが軽率だった。もう一度使ってみよう」

と中根の意見を入れた。一旦、

「この人物を推薦します」

と言ったら、最後までその言葉を貫き通すのが、中根正盛の信念だった。主人が気に入らないところがあって、差し戻しても、

「いや、それはまだあなたのこの人間に対する見方が不完全なのです」

と突き返す。これは現在でも大事なことだ。偉い人が、

「こいつは駄目だ」

と言うと、

「そうでしたか。それはどうも申し訳ございませんでした。これからは気をつけます」

などと引き下がるようでは、推薦された人物からまず信用を失うし、同時にまた、上の方も、

(こいつは、いつもいい加減な人間を推薦するのか)

と信用をなくしてしまう。人間は品物ではないのだから、

「これが駄目なら、あれがある」

というわけにはいかない。推薦一つにしても、よほど腹を括って行うべきだ。

優秀な人物を見抜く法

子游《しゆう》、武城《ぶじよう》の宰《さい》たり。子曰わく、女《なんじ》、人を得たりや。曰わく、澹台滅明《たんだいめつめい》なる者あり、行くに径《こみち》に由《よ》らず、公事に非ざれば未だ嘗《かつ》て偃《えん》の室に至らざるなり。

◇子游為武城宰、子曰、女得人焉耳乎、曰、有澹台滅明者、行不由径、非公事、未嘗至於偃之室也。

門人の子游が、武城のとりしまりに任命された。しばらくたって先生が「おまえは、だれか優秀な人物を得たか?」とおききになった。子游は答えた。「澹台滅明という人間を発見しました。歩く時も、決して近道を行かず、公務でない限り、決してとりしまりであるわたくしの役所にはやって参りません」

＊

このくだりは、

「新しい任地における人材の発見と、その基準」

について、孔子と弟子の子游が語り合ったものだ。孔子は、門人をよく王侯に推薦したが、アフターケアを行う。そのひとつが、

「だれか人材を発見したか」

ときくことだった。これに対し子游は、澹台滅明という人物を発見しましたが、なぜその人物に眼を着けたかと言えば、かれは常に大通りを真っ直ぐ歩いて、たとえ近くても横道や抜け道をするようなことはしません、ということと、もうひとつは公務でない限り、絶対に自分の部屋にはやって来ない、という二つの点をあげたのである。

三代将軍徳川家光の頃、老中（閣僚）を務めた大名に、松平信綱や阿部忠秋、土井利勝などという人物がいた。江戸城内外の人々はこんなことを言っていた。

「松平様と土井様の門前には、毎日人が押し掛けているが、阿部様の門前には、雀しか寄りつかない」

これは、

「松平様と土井様のお屋敷には、立身出世をお願いする武士や、幕府と取り引きをしたい商人などが押し掛けている。しかし、阿部様の門前にはそういう人間はだれも行かない」

ということである。松平や土井は、権力者であり、口を利いて貰おうと思って金

品を持って多くの人間が押し掛けていた。しかし阿部はそういうことは大嫌いだった。

「公の用事は、すべて役所に話しに来い」

と告げ、自分の私宅では、絶対に受け付けなかった。そのために、

「阿部様は、こういうことがお嫌いだ。行っても追い返される。阿部様には、武士を立身出世させたり、商人を御用商人に指名するような力はないのだ」

と言われるようになっていた。が、一方では、

「松平様や土井様は、少し汚れているのではないか。そこへいくと阿部様は、潔癖で正しい」

という評価も湧いていた。

大久保彦左衛門が『三河物語』の中で、この辺のことを次のように書いている。

その頃、武士が立身したり、給与を少し増やしてもらうためには、土井様のお屋敷に行かなければならなかった。自分はそういうことを聞いたので、ある日早朝に、つまらない土産物を持って土井様のお屋敷の前に行った。そして大声で怒鳴った。

「近頃江戸城で出世するためには、土井様のご機嫌を伺わなければならないと承った。そこで大久保彦左衛門、本日は早朝より出世致したく、土井様のお屋敷にお願

いに参った。何卒、この大久保彦左衛門めを、立身させ、給与をもっと沢山くださるようにしていただきたい」

これには土井の方が呆れた。慌てて、

「大久保殿、やめてくれ」

と懇願して、邸の中に招き入れたという。土井の屋敷には、早朝からすでに客がいて、庭に繋いだ見事な馬を眺め、褒めていた。土井自慢の馬である。ところが大久保彦左衛門はこの馬を見ると、

「おお、おまえか、大坂の陣で主人を乗せて真っ先に戦場から逃げ出したのは」

といった。土井は閉口し、客たちは顔をしかめた。

しかしこういうことは、現在でもある。やはり実力者と言われる重役のところには、元旦には、先を争って年賀に行く社員がいる。また、年賀を受ける方にも妙な重役がいて、

「今年はだれが一番早く挨拶に来たか」

などと気にする。また、年賀状を去年の分と比較しながら、

「この男は、去年は年賀状をくれたが、今年はくれない」

などとひがんだりする。人間心理としてはおもしろいが、これが公務の中に持ち込まれたのではたまらない。まして、人事異動や、いろいろな考課に使われたので

はやり切れない。が、こういう器量の小さい小人のような上役はどこにでもいる。だから、これに現実対応するために、部下の方もせっせと励むのだ。

しかし、子游の発見した澹台滅明は決してそんな人物ではなかった。

「常に、堂々と大きな道を歩き、近道は絶対にしない。そして、用がなければ絶対に長官の部屋は訪ねない」

という潔癖性を示した。子游はこれに感じ、おそらくその後この澹台滅明を重く用いて、自分のよき補佐役にしたことだろう。それを見ていた孔子も、

「子游よ、偉いぞ」

と褒めたに違いない。

功績を自慢するな

子曰わく、孟之反《もうしはん》、伐《ほこ》らず。奔《はし》って殿《でん》たり。将《まさ》に門に入らんとす。其の馬に策《むちう》って曰わく、敢《あ》えて後《おく》れたるに非ず、馬進まざるなり。

◇子曰、孟之反不伐、奔而殿、将入門、策其馬曰、非敢後也、馬不進也。

先生がおっしゃった。「孟之反は、殿《しんがり》有将として名が高かった。魯国が隣国から侵略を受けた時、都の城外で大激戦になった。敗れた魯軍は城内に逃げ込んだ。この時、殿を務めたのが孟之反だ。孟之反の殿ぶりがあまりにも凄まじく、勝った隣国軍はこのまま城内に突入すると、かえって負けると判断し引き揚げてしまった。味方を救った孟之反は、しかし自分の殿ぶりを自慢しなかった。自分が遅くなったのは、馬が速く走らないからだと笑った」

＊

「功績を立てても、決して自分からはそれを自慢しない」

という勇者の奥ゆかしさを語るエピソードだ。

織田信長が、北陸方面の一向一揆と、越後の上杉謙信を相手にして戦ったときに酷い目にあったことがある。謙信も強かったが、一向一揆も強い。民衆の力はすさまじい。信長は結局、

「撤退する」

と退却を決意した。この時、殿《しんがり》を買って出たのが、木下藤吉郎（秀吉の当時の名）だった。殿というのは、本軍を逃がすために、自分たちが犠牲になりながら、最後には全滅してしまう。いつもは、秀吉のことを、

「自分の宣伝ばかりしている立身出世亡者だ」

と悪口を言っていた、織田家の家来たちもこの時は秀吉を見直した。ここで死んでしまえば、秀吉が願っている立身出世は全部チャラになってしまうからだ。信長もその辺を察し、

「サル、本当に大丈夫か？」

ときいた。秀吉は、

「大丈夫です。どうか、安心してご撤退ください」

と言った。悲壮な秀吉の胸の内を知った諸将は、こもごも見舞いに来た。いつも秀吉をけなし、悪口ばかり言っていた重役の柴田勝家でさえ、

「木下、おれの軍を少し応援に残そう」

と言い出した。友人の先輩の前田利家も、

「木下、すまないな」

と労った。秀吉はニコニコ笑って、

「わたくしのことは大丈夫です。どうか、お館（信長のこと）を無事に、お城にお連れください」

と頼んだ。信長軍は、秀吉に頼むぞと声を残して去って行った。ところが、どうしたのか上杉軍も一向一揆軍も秀吉軍に襲いかからなかった。秀吉は拍子抜けした。しばらく滞在していたが、やがて、

「追撃は全くなさそうだ。戻ろう」

と言って、堂々と引き揚げはじめた。戻って来た秀吉を見て、信長は手を取って喜んだ。

「サル、見事だった。よく戻れたな」

と慰めた。この時秀吉は、

「いえ、敵の足が遅く、こっちの逃げ足の方が速かったものですから」

と言って笑った。信長も、周りにいた諸将も一斉に笑い出した。この時以来、秀吉の株は大いに上がった。秀吉がもし、あのサル面の鼻をうごめかして、自分の手柄を自慢したら、一斉に横を向かれたにちがいない。

第七

述《じゅつ》而《じ》篇

古代の真理を追究する

子曰わく、述べて作らず、信じて古《いにし》えを好む。竊《ひそ》かに我が老彭《ろうほう》に比す。

◇子曰、述而不作、信而好古、竊比於我老彭。

先生がおっしゃった。「わたしは古いことの真理にもとづいてただ述べるだけで、決して創作はしない。むかしのことを信じて、これを愛好する。そういう自分を、そっと老彭になぞらえている」

＊

ここで老彭というのは、殷王朝の賢大夫だったという。非常に長命だったので、老彭と言ったのだという説と、老子と彭祖を一緒にした言い方だともいう。が、孔子が老子に対してどういう気持ちを持っていたかはっきりわからないので、どうだろうか。

創作というのは、日本で考えるような文学作品のことではなく、礼楽の制度を立案し、これを実行することだという。そして実行することはそのまま政治につながったという。したがって孔子はこの政治につながる実行部分を行わずに、自分は古代の真理追究に専念し、それを他人に語り伝えていくことに徹したいということだ。

戦国が終わって江戸時代に入ると、徳川家康に敵対した大名が次々と潰されていた。大勢の武士が失業した。失業武士の中には、新しく再就職口を求めて就職運動に狂奔した者もいた。中でも、肥後熊本の加藤清正は、

「一芸に秀でた人物を、沢山召し抱えている」

と言われていた。そこで、失業武士たちは一斉に肥後熊本を目指した。ある時、ひとりの老人が、壮年者や若者といっしょに加藤家に来て、

「仕官させていただきたい」

と申し出た。希望者は沢山いたが、老人の再就職希望者は珍しい。重役たちが口頭試問をした。

「なぜ加藤家に仕官したいのか?」

ときくと、老人はこう答えた。

「わたしはいままで沢山の経験を積んできました。合戦にもたびたび参加しました。そういう経験を基に、今後はご城内で茶飲み話でもさせていただけたらと思っております。若い武士たちには必ず参考になると思います」

重役たちは呆れて顔を見合わせた。それぞれの目が、

(この年寄りは馬鹿でわがままだ。経験談を茶飲み話にして、給与を貰おうなどとはとんでもない話だ）

と語っていた。というのは、江戸時代に入ると失業武士に対する大名家の採用基準が随分と変わった。今までのように、

「わたくしの家は、こういう家格があり、合戦ではこういう手柄を立てました」

というような、戦場における手柄話や、家柄の貴さなどは問題にしなくなっていた。そんなことよりも、

「財政運営にどれだけ自信があるか」「ソロバンは達者か」「帳簿付けは得意か」、もっと言えば「読み書きはできるか」などという、実際的な能力が求められるようになっていたからである。そんな中で、

「今までの経験談を、茶飲み話にして、城の若い武士に聞かせたい」

などというのは、贅沢極まりなかった。老人を待たせて別室に移った重役たちは、口々に、

「あの年寄りはとんでもない奴です。採用は止めましょう」

と主人の加藤清正に言った。ところが清正は首を横に振った。

「いや、あの老人の経験談は、案外わたしやおまえたちの役に立つかもしれない。

特にあの老人が言うように、若者の参考になるかもしれない。採用しろ」

と告げた。重役たちは不満だったが、主人の言うことなので老人を採用した。老人は一室を与えられた。清正は城の武士たちに、

「困ったことがあったら、あの部屋に行って老人に相談しろ」

と言った。はじめのうちは、おもしろ半分に老人の話を聞きに来る者がいた。が、聞いているうちに話を聞きに来た武士たちは、

(老人はただ者ではないぞ。この老人の言うことは正しいし、また参考になる)

と思いはじめた。若い武士たちは、

「わたしの直属上司は、頑固で先例に固執してばかりいます。どんな新しい計画を立てても、そんなことは先例にないとにべもなく否定します。どうしたらいいでしょうか?」

などときく。反対に、今でいう中間管理職たちは、

「わたしの部下はわがままで、自分のやりたい仕事をさせないと文句ばかり言います。そして、我慢できなくなると、主人の清正公に直訴します。どうしたらいいでしょうか?」

などと相談した。老人はこういう事例に対し、丁寧に答えた。その内容がピタリ、ピタリと的確なので、相談した者はみんな感心した。いつかこのことが口伝い

に城内に広がった。

「あの老人は大したものだ。茶飲み話どころではない、われわれの悩みや苦しみをきちんと受け止め、正確な答えを与えてくれる。どれだけ励みになるかわからない」

と言った。噂を聞いた重役たちは清正にこのことを報告した。清正は満足そうに頷いた。

「言ったとおりだろう」

そして、声をひそめてこう言った。

「実を言うとな、わたしもあの老人を夜になると密かに自分の部屋に呼んで、いろいろ相談を持ち掛けているのだ。あの老人は大したものだよ。どこの出身で、どういう大名家に仕えていたということは絶対に言わないが、おそらくただ者ではあるまい」

と言った。

孔子の高遠な姿勢とは違うが、老人自身も、

「自分が辿って来た道の中には、その時は気がつかなかったが、多くの真理が含まれていることをようやく理解するようになった。それを、だれかに伝えて役立てて貰いたい」

という気構えがあったのである。

組織で一番成員が関心を持つのは、

「人と金（人事と財政）」

だ。そして、この人と金を動かせる人が実力者だという。しかしその実力者がリタイアすれば、もう寄りつかない。実力者がたまに懐かしい会社を訪ねても、中にはソッポを向く者もいる。

（今あの人に親しい口を利くと、あの人とは立場の違った上役が嫌な顔をする。そんなことをすれば睨まれてしまう）

などという底の浅い処世術が頭をもたげるからだ。

また、リタイアした人の方でも、自分の後に座った人に対し、

「ナニナニ君」

などと呼んだり、中には呼び捨てにしたりする人がいる。これは失礼だ。本来なら、一旦リタイアした組織にはあまり入り込まない方がいい。ましてや、仕事のことに話を及ばせ、

「あれはおれがやったのだ」

などと自慢するのはやはり嫌われる。それよりも、私宅に訪ねて来る後輩に対し、親切に自分の経験を語りながら、

「その悩みは、こうした方がいいよ」

と懇切な助言を与えることが大切だろう。

リタイア後はのびやかに

子の燕居《えんきょ》、申申如《しんしんじょ》たり、夭夭如《ようようじょ》たり。
◇子之燕居、申申如也、夭夭如也。

先生がくつろいでいらっしゃる時は、実にのびやかで、にこやかだ。

*

孔子が、

「諸侯を説いてまわるのはやめよう。郷里に戻って、後進の教育に専念しよう」

と考え、自国に戻った頃の姿がありありと浮かんで来る。これが、

「第一線を退いた者の心掛け」

である。前のところでも触れたが、リタイア後も未練な気持ちを持って、何かあれこれと余計な口出しをしたり、あるいは干渉したりするのは絶対に避けるべき

だ。孔子のように、ゆったりとにこやかにやわらいだ姿勢を保っていれば、いやでも後輩や、時には先輩たちが訪れて来る。そして、「今、こんなことが起こりました。いい知恵を貸してください」と相談するだろう。

子曰わく、甚だしいかな、吾が衰《おとろ》えたるや。久し、吾れ復《ま》た夢に周公を見ず。

◇子曰、甚矣、吾衰也、久矣、吾不復夢見周公也。

先生がおっしゃった。「この頃はひどいものだよ。老化が久しいので、あれだけ前は毎晩のように夢に見ていた周公の姿も、夢にさえ現れなくなった」

＊

周公というのは、名を旦と言って、周の文王の子で武王の弟だ。周王朝の令制を定めた人物だという。孔子は非常に尊敬していた。だから、孔子はしばしばその周公の夢を見た。ところがこの頃は、その周公が夢の中に現れなくなったと言って、自分の老化を嘆いているのだ。この辺は、孔子の人間味と、ロマンに溢れた人柄を語っている。

学んだ相手には礼を尽くせ

子曰わく、束脩《そくしゅう》を行うより以上は、吾れ未だ嘗《かつ》て誨《おし》うること無くんばあらず。

◇子曰、自行束脩以上、吾未嘗無誨焉。

＊

先生がおっしゃった。「学問を学ぶ時の礼儀として、乾肉一束（束脩）を持って来た以上は、たとえどんな人間であってもわたしは教えなかったということはない」

束脩というのは、現在の学校における「月謝」のルーツだ。今、月謝と言えば、学校の管理運営費や、あるいは学ぶ者にとっての教材費や、実験器具費などのように受け止められがちだが、昔は違った。「礼」のひとつだった。したがって孔子が、「束脩を持って来た者に対しては、どんな人間であろうと教えなかったことはない」

ということは逆に言えば、

「束脩を持ってこない者には教えない」

ということにもなるだろう。この辺は、現在でもわたしたちの社会で考え直さなければいけないことにつながっていく。日本人は案外、

「情報と知恵」

に対し、経済的な価値を認めない。

「どうしたらいいですか？」

あるいは、

「何かいいお考えがありませんか？」

ということを安直に他人にきく、とくに上司や先輩に対して、それを求める。が、アメリカなどにおいては、

「情報やプランは経済的価値を持っている」

という考えが確立されており、それを与えたり貰ったりする時には、必ずここで言う「束脩」を必要とする。職場でも案外簡単にやりとりされているこの「情報と知恵の授受」に対し、これを受ける側はもう少し謙虚になる必要があるだろう。つまり、上司がそういう知恵や情報を与えてくれるということは、

「仕事だから。上役だから」

ということではない。日本人は、

「上役のリーダーシップの中には、そういうものも含まれる」

と考えているが、決してそうではないだろう。本来なら、自分で努力して得なければいけない性格のものだ。それを好意的に与えてくれるのだから、当然礼が必要だ。孔子の言う「束脩」を払う責務がある。部下は常に、

「管理職が、管理職手当を貰っているのは、部下を飲ませるためだ」

と考えがちだが、違う。つまり職場というのは、部下にとっては、

「研修の場、学ぶ場」

でもあるのだ。したがって、上役に対し自分のわからないことや、今まで経験しなかったことを、

「どうすればいいでしょうか？」

ということは、必ずしもリーダーシップの範囲には入らない場合もある。そういう時は謙虚に、

「ありがとうございました」

と、学んだ者の礼を尽くすべきだ。たまには、

「今日はとても助かりました。ぼくが奢りますから付き合ってください」

などということも必要だろう。

自分で考えてから人に聞け

子曰わく、憤《ふん》せずんば啓《けい》せず。悱《ひ》せずんば発せず。一隅を挙げてこれに示し、三隅を以て反《か》えらざれば、則ち復《ま》たせざるなり。

◇子曰、不憤不啓、不悱不発、挙一隅而示之、不以三隅反、則不復也。

先生がおっしゃった。「もう少しでわかりそうなのにどうしても理解できないという気持ちで、苛立ちわくわくしているのでなければ教えない。言葉になりそうでならず、もどかしそうに口をもぐもぐさせているのでなければ、教えない。一つの隅を取りあげて示せば、三つの隅をもって答えてこなければ、二度と教えない」

＊

厳しい教育態度だ。つまり、言いっ放しの教育はしたくないということだ。教えられる側の反応に対する孔子の厳しい態度である。

江戸時代は極端な言い方をすれば、

「私塾の時代だ」

と言っていいだろう。全国の勉学志望者は、どんなに遠くても、

「あの土地に、こういう先生がこういう塾を開いておられる」

ということを聞けば、必ずそこまで行って学んだ。江戸時代は、一般人の旅行はかなり制約されていたが、学問や武術を学ぶ者に対しては、比較的自由が与えられていた。だから、勉学好きの者は、みんな情報を交換し合って、

「どこに、誰々という先生が、なになにという塾を開いている」

ということは、共通認識だった。吉田松陰は、半ば囚われ人だったから、他国の若者を教育することはしなかったが、しかしその教育態度は、

「共に学ぶ」

ということを守っていた。かれが、自分のことを、

「僕《ぼく》」

と呼び、門人たちを、

「君たち」

と呼んだのは、

「学問の修業においては、同格である」

という意識が強かったからだ。

幕末の大坂に、適々塾（略して適塾と呼ばれた）という塾があった。オランダ医学

者の緒方洪庵の塾である。しかしこの塾では、医学だけではなく、兵学、経済学、科学などの広い層にわたって教育をほどこしたので、全国から俊才たちが集まって来た。福沢諭吉や、大村益次郎、橋本左内などはその代表だ。

洪庵は、しかし若い門人たちが、

「先生、ここはどういう意味でしょうか？」

と単純な質問をした時は、答えなかった。

「先輩にきけ」

と突き放す。初心者が先輩にきいてもわからない時は、洪庵は塾の規則として行っている〝格付け〟のランクによって、先輩を後輩の下位にランクする。したがって、

「おまえより先に塾に入ったのだから、先輩だ」

ということは認められない。学問の進み具合によって、洪庵は先輩か後輩かというランク付けをしたのである。そして、先輩・後輩たちが、一室に集まってカンカンガクガク激論した後、どうしてもわからないという場合に限って、自分が出て行った。そして、

「おまえたちの議論で結論が出ないことは、こういうことだ」

と教えた。つまり洪庵は、

「師の言うことを鵜呑みにして、すぐわかりましたというような門人は駄目だ。わたしの教えることが、そんなにすぐわかるはずがない」

という考えを持っていた。したがって洪庵が求めたのは、

「教えたことに対する数々の疑問と、その解明のために費やす徹底的な追究の努力」

である。そうしなければ、学問は身につかないと信じていた。

この頃よく聞くのは、

「近頃の若い社員は、〝考える〟という労を嫌う」

ということだ。即時反応を期待するような問い掛けを上司にする。そして上司が、

「少し自分で考えろ」

と言うと、

(この上司は、自分がわからないものだから、あんなことを言って教えてくれないのだ)

と、上司を無能力者扱いする。間違いだ。学生時代に、たとえば英語の勉強をしていても、テキストを読むのに、辞典と首っ引きで勉強したものはほとんど忘れない。が、あんちょこのような解説書を読んだだけで、

「わかった」

と一人頷いたようなものは、絶対に身につかない。試験の時だけ覚えていて、その後は完全に忘れてしまう。これでは本当の勉強にはならない。仕事も同じだ。やはり、壁にぶち当たった時は、

「どうすればいいだろう」

と自分なりに考え、いくつかの選択肢が用意できたら、その時はじめて上司に、

「この問題について、これだけの選択肢を用意しました。でも、どれを選んでいいかわかりません。教えてください」

と指示を求めるべきだろう。そのきっかけは何と言っても、

「起こっている事柄に対する疑問」

が起点になる。

嫉妬に気をつけろ

子、顔淵《がんえん》に謂《い》いて曰わく、これを用うれば則ち行い、これを舎《す》つれば則ち蔵《かく》る。唯《た》だ我れと爾《なんじ》と是れあるかな。子路曰わく、子、三軍を行わば、則

ち誰と与《とも》にせん。子曰わく、暴虎馮河《ぼうこひょうか》して死して悔いなき者は、吾れ与にせざるなり。必ずや事に臨みて懼《おそ》れ、謀《ぼう》を好みて成さん者なり。

◇子謂顔淵曰、用之則行、舎之則蔵、唯我与爾有是夫、子路曰、子行三軍、則誰与、子曰、暴虎馮河、死而無悔者、吾不与也、必也臨事而懼、好謀而成者也。

先生が顔淵という門人に向かっておっしゃった。「登用されたら大いに活躍するが、見限られたらさっさと引っ込むような出処進退は、お前とわたししかできないかもしれないね」。これを聞いていた子路が訊いた。「先生がもし大軍を指揮なさるとしたら、誰と一緒になさいますか」。先生はおっしゃった。「虎に素手で向かったり、河を歩いて渡ったりして、死んでもかまわないというような無鉄砲な男とは、わたしは一緒にやらない。どうしてもと言うなら、事にあたって慎重でよく計画を練り、実行するような人物と組むね」

＊

ここに登場する顔淵と子路は、共に孔子の可愛がった門人だ。顔淵の方が子路より若かったが、孔子の信頼を一身に集めていた。子路は一本気な猪突する気味があった。孔子が見事な出処進退ができるのは、わたしとお前だけぐらいだろうと言っ

たことに、子路は嫉妬したのである。だから話題を急に大軍の指揮という方向に向けて、孔子に、

「大軍を指揮する時は、誰と組みますか」

と言いながら実は、

「その時はお前と組むよ」

という返事が欲しかったのだ。ところが孔子は、

「虎に素手で向かったり、暴れ河を歩いて渡るような無鉄砲な人間とは組まない。もっと慎重な人間と組む」

と応じたのは、暗に、

「無鉄砲なお前とは組まないよ。むしろ顔淵と組むだろう」

ということになる。この辺の孔子の弟子に対する態度は厳しい。何気ない世間話をしているかに見えても、必ずそこには教訓がある。

しかし、こういうことは職場でもよくある。つまり、

「上司に可愛がられる同僚に対する嫉妬」

だ。そういう時は誰でも、

「自分の方にもっと関心を持って貰おう」

と考え、得意な分野の方に話の方向を変えようとする。子路も同じだった。が、

藪蛇だった。かえって裏目に出て、自分の方がたしなめられるような立場に追い込まれてしまったのである。現在の職場だったらこういう目にあうと、たしなめられた部下はたしなめた上役に憎しみの念を持つ。そして、場合によっては、

（いつか仕返しをしてやる）

と思う。子路は果たしてどうだったのだろうか。

富は正しい方法で手に入れる

子曰わく、富《とみ》にして求むべくんば、執鞭《しつべん》の士と雖《いえ》ども、吾れ亦たこれを為《な》さん。如《も》し求むべからずんば、吾が好む所に従わん。

◇子曰、富而可求也、雖執鞭之士、吾亦為之、如不可求、従吾所好。

先生がおっしゃった。「富を正しい方法によって手にすることができるのなら、鞭を振う露払いのような役でもわたしはつとめよう。しかし、正しい道で手に入れられないのなら、自分の好みに任せた仕事をするよ」

＊

孔子が選んだ道は、

「正当な手段では、なかなか富は手にできないので、自分は好みに合った暮らしをする」

ということだった。孔子は必ずしも、富を得ることを頭から否定はしていない。

ただし富を手に入れる時の手段として、

「正しい道でなければならない」

と厳しい制約をしている。が、孔子が故郷に戻って隠遁したのは、やはり、

「富というのは、不正な手段でなければなかなか手に入りにくい」

と考えたからだろう。その考え方は、次の文章によってもよくわかる。

子曰わく、疏食《そしき》を飯《くら》い水を飲み、肱《ひじ》を曲げてこれを枕とす。楽しみ亦た其の中《うち》に在り。不義にして富み且《か》つ貴きは、我れに於いて浮雲《ふうん》の如し。

◇子曰、飯疏食飲水、曲肱而枕之、楽亦在其中矣、不義而富且貴、於我如浮雲。

先生がおっしゃった。「どんなに粗末な食事をとり、飲むものは水だけで、自分の腕を曲げて枕とする。そんな暮らしの中にも楽しみはある。不正な手段で金儲け

をしたり身分が高くなっても、そんなことは、わたしにとっては浮雲のようにはかないものだ」

＊

説明の必要はないだろう。普通の人間がこんなことを言えば、負け惜しみだと思われるが、孔子の場合は自然に信じられる。そして現代のあくせくした社会に生きているわたしたちにとっては、こういう暮らし方が、「人間として、そうありたい」と願う生き方である。

人の一生は学ぶことに尽きる

子曰わく、我れに数年を加え、五十にして以て易《えき》を学べば、大なる過《あやま》ち無かるべし。

◇子曰、加我数年、五十以学易、可以無大過矣。

先生がおっしゃった。「わたしがもう数年経って五十になってから学んだとしても、まず大した過ちはおかすまい」

*

ここで言う「易」を「易学」のことだと考えるならば、孔子の時代にはまだ易学の本はなかったそうだ。そうなると「易」の字は「亦ではないか」という説があり、現在はこの解釈の仕方が定着しつつある。つまり、

「五十にして学ぶも、易（亦《また》）」

と読むべきだという。

「人間の一生は、学ぶことに尽きる」

と考える孔子の〝生涯学習〟ぶりが、うかがえる言葉である。

自分の生命を完全燃焼させて生きる

葉公《しょうこう》、孔子を子路に問う。子路対《こた》えず。子曰わく、女《なんじ》奚《な》んぞ曰《い》わざる、其の人と為りや、憤りを発して食を忘れ、楽しみて以て憂いを忘れ、老いの将《まさ》に至らんとするを知らざるのみと。

◇葉公問孔子於子路、子路不対、子曰、女奚不曰、其為人也、発憤忘

食、楽以忘憂、不知老之将至也云爾。

楚の国の葉県の長官が、孔子の門人に「孔子先生というのは、どういう人物か?」ときいた。しかし子路は何とも答えなかった。そこでこれを聞いた孔子が不満に思い言った。「なぜおまえは、次のように答えてくれなかったのだ。孔子の人柄は、興奮すると食事を忘れて仕事に打ち込み、面白いことにぶつかると心配事を忘れて夢中になり、老いがやってくることに全く気がつかない人柄だ、と。ただそれだけを言ってくれればよかったのに」

＊

この話は、前四八九年頃、孔子が六十四歳で放浪の旅の時のことだという。子路は供をしていた。孔子の通過を知った葉公が、門人の子路に孔子の人柄についてきいたのに対し、子路は孔子の忠実な門人ではあったが、口下手だ。そのため思い余って、あれもこれも言おうと焦った結果、逆に何も言えなくなってしまった。孔子は子路に怒ったわけではない。

「わたしという師は、こんな人間なのだよ」

と、改めて自分の生き方を子路に告げたのだ。

孔子のこの言葉は、サミュエル・ウルマンの『青春の詩』を思い出す。『青春の

詩』の一節の、

「青春とは年齢ではない。好奇心と情熱さえあれば、その人はいつも青春なのだ」

（意訳）

というものだ。老人を励まし勇気づける言葉である。六十四歳の孔子が、興奮したり、夢中になったりするということは、普通一般の楽しみのことを言っているわけではない。学ぶことに夢中になれば食事も忘れるし、また道を発見してこれを楽しめば、心配事も吹っ飛んでしまうということで、究極的には老いがどんどん迫っていることも気にならないということなのだ。言ってみれば、

「その時その時に、全力投球する。すなわち、自分の生命を完全に燃焼させる」

という、いわば、

「生命の出し惜しみをしない生き方」

のことだ。

歴史を体感する

子曰わく、我れは生まれながらにしてこれを知る者に非《あら》ず。古えを好み、

敏《びん》にして以てこれを求めたる者なり。
◇子曰、我非生而知之者、好古敏以求之者也。

先生がおっしゃった。「わたしは生まれつきの天才ではない。ただ古代に対する憧れに近い気持ちを持って、研究を続けている者だ」

＊

江戸時代の儒学者に、「古学派」と呼ばれる学者がいた。伊藤仁斎や荻生徂徠である。これらの学者は、

「孔子や孟子の学問を正確に理解するためには、タイムトンネルを通り抜けて、孔子や孟子が生きていた時代に自分の身を置かなければ駄目だ。そうしなければ、孔子や孟子が使った言葉の意味がわからない」

と主張した。また、歌の研究にも本居宣長のように、

「たとえば『万葉集』を理解するためには、万葉時代に自分の身を置かなければ、本当の意味はわからない」

と主張する派がある。これも伊藤仁斎や荻生徂徠と同じだ。つまり、

「その時の立場に立ってみなければ、かれらの告げた教えや、文学の意味は理解できない」

ということだ。非常に難しいことだが、近頃はこういうやり方を、「体感《たいかん》」と呼んでいる。

歴史の世界には、考古学というのがあって、発掘したいろいろな遺跡や遺品によって、

「この時代の人々は、こういう暮らしをしていただろう」

と推測し、イマジネーションを現実的なものとして練り固めていく。

しかし、普通の歴史ではこういうことはあまり行われていない。最近、テレビ番組でよくこの、

「体感による歴史の再現」

が行われる。たとえば、関ヶ原の合戦に従軍した兵士たちが、あの雨の中を、何十キロも重い武具を持って行軍して行ったら、疲労度はどのくらいだったろうとか、上杉鷹山が奨励した「漆の百万本植樹計画による蠟の生産」を、現実的に行ってみれば、一日中かかっても、わずか二十グラムの蠟しか得られない、などということを再現してみる方法である。そうすることによって、ただ観念でものを考えたり、あるいは字句の解釈だけで、

「これはこういうことだ」

と断定してしまう軽率なやり方に反省を加えるものだ。この方法は、現実社会におけるいかなる仕事のやり方においても必要だ。とくに、

「先例を重んじる」

という傾向が強い職場では、なおさらのことである。その先例が、どういう状況で、どういう考えによって、だれがそういうことをしたのか、ということまで追究すれば、

「ああ、こういうことだったのか。それでは、今の時代には全く役に立たない」

という結果が得られることにもなる。それにしても、古代には理想社会の実現があった、そこには聖人や賢人がいたとする、孔子の古代憧憬の思いがひしひしと伝わる話だ。

善い人の真似をする

子曰わく、我れ三人行えば必ず我が師を得《う》。其の善き者《よ》を択《えら》びてこれに従う。其の善からざる者にしてこれを改む。
◇子曰、我三人行、必得我師焉、択其善者而従之、其不善者而改之。

先生がおっしゃった。「三人で行動すれば、わたしはきっとその中に自分の師をみつける。なぜなら、善い人を選んでその真似をし、善くない人を見れば、その善くないことをわが身にひきくらべて直すからだ」

＊

この文中にある「行」を「行《あゆ》む」と、歩くことだとする解釈もある。しかし、歩くことも一種の行いなので、ここでは「行う」とした。

これも前に書いた「一期一会《いちごいちえ》」の新しい考え方だ。

自然の中に溶け込む

子、釣して綱《こう》せず。弋《よく》して宿《しゅく》を射《い》ず。

◇子釣而不綱、弋不射宿。

先生はよく魚釣りをなさったが、決してはえなわはお使いにならなかった。鳥を糸のついた矢で射ることはなさったが、巣を襲うようなことはされなかった。

＊

この一文は、孔子が悠々自適の生活を楽しみ、時には魚を釣り、鳥を射ることがあったが、それはほどほどにすることであって、決して大量の捕獲はしなかったということを語っている。自然の中に溶け込んで、満ち足りている孔子のなごやかな姿がしのばれる。そして何よりも、孔子を聖人君子と思いがちなわたしたちにとって、

「孔子先生も、結構遊んでいらっしゃったのだ」

というほっとした思いを与えてくれる。

先入観は全体の判断を誤らせる

互郷《ごきょう》、与《とも》に言い難し。童子《どうじ》見《まみ》ゆ。門人惑う。子曰わく、其の進むに与《くみ》するなり。其の退くに与せざるなり。唯だ何ぞ甚だしき。人、己れを潔《いさぎよ》くして以て進まば、其の潔きに与せん。其の往《おう》を保《ほ》せざるなり。

◇互郷難与言、童子見、門人惑、子曰、与其進也、不与其退也、唯何甚、人潔己以進、与其潔也、不保其往也。

評判のよくない互郷の村から、これまた不良少年の名を高めていた若者が孔子に面会に来た。孔子は快く会ったが、門人たちが問題にした。孔子はこう言った。「わたしは、あの若者がわざわざやって来た気持ちを買ったのだ。わたしの前から去って行くかれを相手にしたわけではない。君たちは、他人に対してなぜそういうひどいことをするのだ。人間が、自分の心身をきれいにしてやって来るのなら、その清さを買うべきだろう。村に戻ってからのことはどうでもいい」

＊

現代の職場に当てはめてみると、いろいろなことが言える。一つは〝取り巻き〟のことだ。もう一つはその取り巻きの持つ〝独断と偏見〟という〝先入観・固定観念〟のことだ。

取り巻きについて言えば、自分の敬愛する上司や先生に対して、「お耳を汚すような情報はなるだけ入れないようにしよう」と考える。つまり〝耳あたりのいい情報〟だけを入れ、〝不愉快な情報〟は極力握り潰してしまうということだ。これが、現在のいろいろな組織における不祥事を招く一番大きな原因になる。つまり特にトップと言われる人々に対し、「耳に痛い情報」

を入れないようになると、そのトップの周囲には茶坊主的な取り巻きしかいなくなる。これが、全体の判断を誤らせる。なぜなら、仕事というのは、必ずつぎのプロセスをたどるからだ。

・情報を集める
・集めた情報を分析する
・分析した情報の中に含まれている問題点について考える
・解決策を選択肢として設定する
・その選択肢の中から、一番いいものを選ぶ
・選んだことを実行する
・実行して具合が悪ければ、別の選択肢を選ぶ
・出た結果について評価する

この中で最も大切なのが、

「選択肢の中から一つ選ぶ」

という「決断」だ。トップのやるべきことは、この決断だけだと言っていい。他のことは、部下にやらせても間に合う。自分でこのプロセスを何から何までやる必要はない。しかしことのはじまりはすべて、

「情報の収集」

にあるのだから、その情報が〝耳あたりのいいこと〟に限られ、〝批判的な情報・反省すべき情報〟などが握り潰されてしまえば、これは、

「正しい情報を集めた」

とは言えなくなる。

「都合のいい情報だけを入手した」

ということになる。前に書いた、仕事の一連のプロセスは、本来それぞれが単独で自己完結的に行うべきものだ。しかし、トップはそのすべてをやることができないから、

「この部分は、部下に任せよう」

ということで、いわゆる〝分権〟を行う。これが組織の原則だ。だから、逆に言えば、

「情報を集めることを委ねられた部下」

は、

「トップの身になって、情報を集める」

という責任を負う。集めた情報の中に、たとえ正しくない情報（ガセネタ）や、役に立たない情報があったとしても、それを自分の判断で握り潰すのは間違いだ。必ず、

「集めた情報には、こういうものがあり、これは正しくないと思います。あるいは役に立たないと思います」

と自分の感想を述べることは構わないが、

「こんな情報は耳に入れない方がいい」

と判断して、握り潰すのは間違いだ。どんなことであれ、集めた情報はすべてトップに告げる責務がある。

互郷という村落に対しては、周囲から、

「人情風俗が非常に乱れた村だ」

という噂があって、芳しくない。孔子の門人たちはこの噂を鵜呑みにした。だからそこからやって来た不良少年の若者に、

「評判のよくない村から来た、評判のよくない若者だ」

という先入観と固定観念で判断してしまった。だからはじめは孔子に対し、

「お会いにならない方がいいです」

と言った。孔子はむっとして、

「そんな権限はおまえたちにはない。たとえどんなに評判の悪い村から、評判のよくない若者がやって来たとしても、とにかくわたしに会おうという志はきれいなものだ。その美しい心を相手にして、わたしは会う」

と言い切った。これは、現代の組織になぞらえれば、

「トップと秘書」

に当てはまるかもしれない。秘書というのは、トップの玄関番だから、

「こんな人物は、トップに会わせない方がいい」

と判断することもある。だれでもかれでも、ただ会いたいというだけでトップに会わせるわけにはいかない。その取捨選択は、

「トップが秘書に任せた権限」

と言っていい。そのために秘書は給料を貰っている。孔子もそれを認めなかったわけではない。孔子が言うのは、

「自分たちで確認もしないで、ただ先入観や固定観念によって、人を判別してはならない」

ということだ。そして、

「たとえ評判の悪い村から不良少年と言われる人間がやって来ても、何の取り柄もない自分に会いたいというのには、それなりの理由があるはずだ」

と、若者の会いたい事情・理由を、自分なりに考えて、

「とにかく会おう」

ということにしたのである。そして会いに来た心根だけを対象にし、

「また評判の悪い村に戻って行った後、あの若者が不良の行いを行おうとどうだろうとそれは関係ない」

と突き放したのである。これは孔子の、

「人間に対する分断的評価」

を物語る。一言で言えば、

「人間にどこか悪いところがあるからと言って、全人格を否定するのは間違いだ。しかし、いいところがあるからと言って、他の悪いところまで認めることはできない」

ということである。

〝この人のためなら〟と思わせる

子は温にして厲《はげ》し。威《い》にして猛ならず。恭恭《うやうや》しくして安し。

◇子温而厲、威而不猛、恭而安。

先生は、おだやかだが、厳しいところがある。おごそかではあるけれど、しかし烈しくはない。つつしみ深かったが、だからと言って堅苦しくはなかった。

＊

いわば、

「期待されるリーダー像の条件」

を全部孔子が備えていたということだ。いまのわたしたちにはなかなか難しいことだ。この、

「相対立する人間的特性を併せ持つ」

ということは、口では言うのは易いが、実際に行うとなると難しい。まして、

「そういう特性を付け焼き刃でなく自然に発するような人格」

を作り出すのは余計難しい。前にも書いたが、中国の古い言葉に、

「風度《ふうど》」

というのがあるということを、教えられたことがある。風度というのは、

「周りのひとが、このひとのためならと思う、その〝なら〟と思わせる〝らしさ〟のことだ」

という。人望・愛嬌・魅力・カリスマ性などの総合的な人格のことで、

「このひとの言うことなら絶対に信頼できる」

とか、

なく、

「このひとのやることなら、絶対に間違いない」

という雰囲気を発散するひとのことだ。しかし、これは生まれながらの性格では
「生涯学習によって得られる徳」

のことである。生涯学習というのは、

「自分にとって、何が生き甲斐に値する喜びなのか」

ということを必死になって探し求め、それが得られた後は、今度は、

「この喜びを他人に伝えて、他人にも喜んでもらおう」

ということだ。そして、

「他人の喜びをこっちが受け止めて、自分の喜びとしよう」

と思うことだ。この自分の喜びと他人の喜びを交流させることによって、相乗効
果を起こし、それが、

「社会全体を喜びに満ちた豊かなものにしていく」

ということだ。これを職場で実行すれば、

「職場自体が、ひとつの桃源郷になる」

ということは前に書いた。職場の暗い雰囲気や、ギスギスした空気を、

「あいつがいるからだ」

とか、

「あいつが悪いからだ」

と、目糞鼻糞を笑うようなことをしていたのでは、職場の空気は改善されない。

それにはまずリーダーが、ここに掲げられた、

「相対立する人格を、共に併せ持つような努力を重ねる」

ということが必要になるだろう。つまり、

「うちの係長の言うことならまちがいない」

「うちの課長なら、絶対に信頼できる」

という、風度を高める努力は、まずリーダーに求められる。

第八

泰《たい》伯《はく》篇

最高の徳とは…

子曰わく、泰伯《たいはく》は其れ至徳と謂うべきのみ。三《み》たび天下を以て譲る。民得て称すること無し。

◇子曰、泰伯其可謂至徳也已矣、三以天下譲、民無得而称焉。

先生がおっしゃった。「泰伯こそ、最高の徳の人だと言っていいだろう。三度も天下を譲ったが、やり方がひっそりしていたので、人民はそのことを知らず称えることもできなかった」

＊

この篇に泰伯という見出しがつけられているので、一応泰伯について説明しておく。泰伯というのは、周の文王の父季歴の長兄だった。季歴は末弟である。しかし、かれらの祖父大王は、季歴の子文王（孫）の才幹に眼を着けて、将来文王を王位につけたいと思った。そのためには、季歴をまず王位につけなければならない。このことを、長兄の泰伯と次兄の仲雍《ちゅうよう》が察知した。そこで泰伯と仲雍は相談し、南方の未開の地に脱出した。そこの風俗にしたがって文身（いれずみ）断髪し、二度と故国に戻らなかった。この美しい行いが、やがて禅譲《ぜんじょう》のはじまりになる。周の文王の子である武王についても、伯夷と叔斉のような、美しい話が生まれる。

日本にあてはめると、

「家業の世襲制」

をどう考えるかの参考になるだろう。しかし中国の道徳では何よりも、

「親に対する孝」

を重く見るから、たとえ王位の継承についても、この、

「孝の観念」

が重く見られたのだ。

相手の立場に立って考える

子曰わく、恭《きょう》にして礼なければ則ち労す。慎にして礼なければ則ち葸《し》す。勇にして礼なければ則ち乱る。直にして礼なければ則ち絞《こう》す。君子、親に篤《あつ》ければ、則ち民仁に興《おこ》る。故旧《こきゅう》遺《わす》れざれば、則ち民偸《うす》からず。

◇子曰、恭而無礼則労、慎而無礼則葸、勇而無礼則乱、直而無礼則絞、君子篤於親、則民興於仁、故旧不遺、則民不偸。

先生がおっしゃった。「ばか丁寧に恭しくしていても、礼を知らなければ骨が折れる。控えめにしてばかりいても、礼によらなければびくびくするばかりだ。忙しくても、礼を知らなければ粗暴になる。真っ直ぐであっても、礼によらなければ窮屈になる。君子（政治家）が身近な者に親切であれば、人民はその仁のために目覚めるだろうし、昔馴染を忘れなければ、人民も薄情ではなくなる」

＊

これは、「職場における人間関係」について応用できる。ここで孔子が説くような連中がよくいるからだ。ばか丁寧で大袈裟な褒め言葉や、謝りの言葉を平気で口に出す者、あるいは極度に控えめで、何につけても引っ込み思案でそのくせいじけたり、ひがんだりしている者。率直さを売りものにして、他人に対する態度が粗暴な者などは、よく見掛けるタイプだ。こういう行動に対し、なぜそうなるかということを孔子は、「礼を知らないからだ」

あるいは、

「礼によらないからだ」

と説明する。したがって、職場における礼とは何かということを、こういう振る舞いをする人達は振り返る必要があるだろう。職場における礼というのは何だろう。単なるしきたりとか形式を言うのではあるまい。やはり、

「相手の立場に立ってものを考える」

というモノサシが必要なのではなかろうか。

このシークエンス（くだり）の後半は、別なことが書かれている。為政者の心構えである。だから、職場では上役の心構えと見た方がいいかもしれない。

わたしの体はまだ丈夫だ

曾子、疾《やまい》あり。門弟子《もんていし》を召《よ》びて曰わく、予《わ》が足を啓《ひら》け、予が手を啓け。詩に云う、戦戦兢兢《せんせんきょうきょう》として、深淵に臨むが如く、薄氷《はくひょう》を履《ふ》むが如しと。而《い》今《ま》よりして後《のち》、吾れ免《まぬが》るることを知るかな、小子《しょうし》。
◇曾子有疾、召門弟子曰、啓予足、啓予手、詩云、戦戦兢兢、如臨深

淵、如履薄冰、而今而後、吾知免夫、小子。

曾子先生が病気になられたとき、門人たちを呼んでおっしゃった。「わたしの足をみなさい、わたしの手をみなさい。『詩経』に『おずおずと、おそるおそると、底の知れない淵をのぞむように、とても薄い氷をふむように』とあるが、これから先は、わたしにはそういう心配がないよ、君たちよ」

＊

この言葉は、実を言えば二宮金次郎が臨終のときに告げている。しかし金次郎の言葉は、ここで曾子が言ったように、

「わたしの足や手はこのように傷ついていない。健やかだ。だから、親に対しても不孝を詫びなくてもすむ」

という意味だ。金次郎の場合はもっと違った意味があるかもしれない。かれは何よりも、農民として労働を重くみていたから、

「ここまで働いて来ても、わたしの体はまだまだ丈夫だ。おまえたちも真似をして欲しい」

という意味だったのではなかろうか。

人は臨終の時でも真実を告げないことがある

曾子、疾《やまい》あり。孟敬子《もうけいし》これを問う。曾子言いて曰わく、鳥の将《まさ》に死なんとするや、其の鳴くこと哀《かな》し。人の将に死なんとするや、其の言うこと善し。君子の道に貴ぶ所の者は三つ。容貌を動かしては斯《ここ》に暴慢《ぼうまん》を遠ざく。顔色を正しては斯《ここ》に信に近づく。辞気を出《い》だしては斯《ここ》に鄙倍《ひばい》を遠ざく。籩《へん》豆《とう》の事は則ち有司《ゆうし》存せり。

◇曾子有疾、孟敬子問之、曾子言曰、鳥之将死、其鳴也哀、人之将死、其言也善、君子所貴乎道者三、動容貌、斯遠暴慢矣、正顔色、斯近信矣、出辞気、斯遠鄙倍矣、籩豆之事、則有司存。

曾子先生が病気にかかられたので、孟敬子がお見舞いにきた。曾子先生はこうおっしゃった。「鳥が死ぬときは、その鳴き声は大変かなしいし、人が死ぬときの言葉は大変立派です。わたしも、君子が礼について尊ぶことにつき三つのことを申し述べましょう。第一は、立ち居振る舞いにお気をつけください。そうすれば必ず暴力とあなどりは自然に遠ざかります。第二は顔つきを厳正になさってください。そうすれば、人々の信頼が自然に集まって参りましょう。第三は、発言なされるときは、凛とした語調をお保ちください。そうすれば、卑しく筋の通らない言葉は必ず遠ざかるでしょう。その他、お祭のときに用いる器などのことについては、担当の役人にお任せになればよろしいと思います」

＊

曾子はこの時臨終の床についていた。そこで、

「鳥が死ぬ時の鳴き声に真実があるのと同じように、人間が死ぬ時の声にも真実があります」

と前置きをした。それは、

「これからわたくしが申し上げることは、すべて真実です」

という意味だったのだろう。そして、

「君子の心構え」

を三つの礼にしてあげた。しかし、曾子の言うように、

「人間が死ぬ時は必ず真実を告げる」

ということは真実だろうか。わたしのビジネスマン生活の経験では、ちがう場合も沢山経験した。つまり、死者が生前あるいは死ぬ間際に、家族たちに告げた話

と、職場におけるその人の経験とが必ずしも一致していない例を沢山見たからである。

「職場ではこうありたい」

あるいは、

「職場ではこういうことをしたい」

という願望が、現実ではなかなか実行されていないにもかかわらず、あたかもそれをしているかのように家族に告げていた人を何人も見ている。だから、お通夜やお葬式の時に、家族と話をしていても、違和感が湧く。そして、

（そうか、今、棺桶の中に入っている人は、そういう話を家族にしてきたのだな）

と思い当たることが多々あった。が、だからと言って、

「ご家族のおっしゃるお話は全然違いますよ。亡くなった方は、実はこういう人でした」

などと暴くようなことはしない。ただ人間の寂しさ、哀しさをひしひしと感ずる。そして、人間の本当の姿はそういうものではないかと思う。したがって、この曾子の言う、

「人の将に死なんとするや、其の言うこと善し」

という言葉は、現代ではそのまま信ずるわけにはいかない。わたし以外にも、身

に覚えのある人は多々いるはずだ。

奥ゆかしさもほどほどに

曾子曰わく、能《のう》を以て不能《ふのう》に問い、多きを以て寡《すく》なきに問い、有れども無きが若《ごと》く、実《み》つれども虚《むな》しきが若く、犯《おか》されて校《むく》いず。昔者《むかし》、吾が友、嘗《かっ》て斯《ここ》に従事せり。

◇曾子曰、以能問於不能、以多問於寡、有若無、実若虚、犯而不校、昔者吾友、嘗従事於斯矣。

曾子先生がおっしゃった。「才能があるのに無いものに尋ね、豊かであるのに乏しいものに尋ね、有っても無いように、充実していても空っぽのようにして、害を与えられてもしかえしをしない。昔は、わたしの古い友達はみんなそうしていたものだよ」

＊

これは孔子の門人だった曾子が、自分の門人たちに昔のことを思い出して語った

ものだ。ここでかれが旧友というのは、顔回や仲弓、子貢などの亡くなった連中をしのんだものだ。言ってみれば、

「人間の奥ゆかしさ」

について語ったものだ。おそらく、生き残った曾子が見たところ、

「今の若い連中は、全く奥ゆかしさがない」

と、その臆面の無さを嘆いたものだろう。

「今やったことはすぐ褒めてほしい」

というような風潮や、

「おれが、おれが」

と、何でもしゃしゃり出てくるパフォーマンス志向のあくどさに、顔をしかめていたに違いない。

ここで曾子が言うのも同じことで、

「昔孔子先生のところで学んでいた顔回・仲弓・子貢などというわたしの先輩たちは、どんなに賢くても、その賢さを鼻の先にぶら下げるようなことは絶対にしなかった。まだそこまで追いつけない後輩に対しても、その次元まで自分の水準を下げて、親切に話し合っていた。あの奥ゆかしさがしみじみと懐かしい」

ということだ。しかし、今の世の中ではこれはなかなか難しい。つまり、あまり

奥ゆかしさばかり発揮して謙虚にしていると、それにつけ込んで、突き飛ばしたり、あるいは押しのけて自分が前に出てくるような手合いが沢山いるからだ。これもまた、

いかに正義の道とはいえど かかる火の粉は払わにゃならぬ

という歌の文句通り、自己防衛のためには、多少技術的な面が必要になる。曾子がここで書いているようなことをすれば、全くその奥ゆかしさを理解しないか、あるいは理解しても、それをいいことに自分の方がのさばり出るような手合いが沢山いるからだ。この現実はきちんと見極めないと、損をする。それだけ、曾子の生きていた時代と現代とは社会の質が変わってしまったということである。

日本にもし「政士」がいたら…

曾子曰わく、士は以て弘毅《こうき》ならざるべからず。任重くして道遠し。仁以て己れが任と為す、亦《ま》た重からずや。死して後《のち》已《や》む、亦た遠からずや。

◇曾子曰、士不可以不弘毅、任重而道遠、仁以為己任、不亦重乎、死而後已、不亦遠乎。

曾子先生がおっしゃった。「士はおおらかで強くなければならない。任務は重くて道は遠い。仁を自分の任務とする、なんと重いことか。死ぬまでやめない、なんと遠いことか」

＊

この曾子の言葉は、二つのことを思い出させる。一つは、レイモンド・チャンドラーが書いたミステリーの主人公フィリップ・マローが言った言葉だ。

「男は強くなければ生きられない。男は優しくなければ生きる資格はない」

というものだ。これは、職場でもあてはまる。

もう一つは、徳川家康が言った言葉だ。

「人の一生は、重き荷を負いて遠き道を行くが如し。必ず急ぐべからず」

というものだ。

「家康の言葉ではなく、後の世の人が作ったものだ」

という説がある。しかしいかにも家康の言いそうなことだ。そして家康がこの言葉を口にした根拠は、このくだりだと言われている。ということは徳川家康は無学だという説があるが、決してそうではなく、かれは相当儒教に明るい人物だったと言っていい。

徳川家康は大坂の陣が終わった後、

「日本国内では、二度と戦争を起こさない」

と宣言した。そうなると、

「平和な時代に生きる武士の心構え」

が必要になる。家康はそのために、ブレーンの林羅山に『論語』『孟子』『大学』『中庸』の四書《ししょ》について、宋の朱子の解釈書を日本に導入し、これを大量に印刷させた。そして、日本の儒教の交流をはかった。いわば儒教を、

「これからの武士の精神的拠り所とする」

としたのである。これは相当に行き渡り、二百六十年間保たれただけでなく、現代でもかなりその影響が残っている。わたしたちが日常、

「人間としてこういうことをすべきだ」

あるいは、

「人間としてこういうことをしてはならない」

という、「すべきだ」と「すべきではない」のモノサシの大半は、儒教教育に基づいている。その根っこは、孔子の門人だった曾子の考えが強く影響していると言われる。

これによって、日本の武士は、それまでの下剋上の思想を捨てて、

「上役に対して忠実な、聞き分けのよい人間」

に洗脳された。そうしなければ、仕事も得られないし、給与も貰えないような社会組織に変わっていった。言ってみれば、日本の武士はすべて、

「聞き分けのいいビジネスマン」

に変質させられたのである。

もうひとつ、曾子が生きていた時代は、中国古代の春秋の末で、戦国はじめの頃に当たっていた。この頃、はじめて、従来の貴族の他に、

「士」

という階級が生まれた。士というのは、学問や政治や武芸などの才能を持って、諸国の君主や豪族に仕えた。この頃の国家社会の発展に大変な役割を果たしたという。だから本来は、学問を売り物にする士は学士であり、政治を売り物にする士は政士であり、武芸を売り物にする士は武士と呼ぶべきだろう。しかし中国ではあらゆる種類の士をただ単に「士」と呼んでいた。これが日本に入ると、学士は別にして、政士と武士が一緒になった。武士に統一されてしまった。そのために源頼朝のつくりだした鎌倉幕府も、足利尊氏のつくりだした室町幕府も、徳川家康のつくりだした江戸幕府もすべて、

「武士の・武士による・武士のための政府」

という性格を貫いた。つまり、日本においては、

「政治を行うのは武士である」

ということになってしまった。しかし、徳川家康が宣言したように、

「日本では二度と戦争を起こさない」

ということになると、戦争が商売の武士は生活の場を失う。そこで、武士が政治を行う上において、

「民に対しては仁と徳が大切である」

という精神的拠り所が必要になり、家康は林羅山と相談して儒教を大幅に採用したのだ。だから徳川幕府や大名家の職制には、

「軍事色と文官色」

の二通りがあった。軍事色は不要なポストだ。にもかかわらず、こういうポストを設け給与を払い続けなければならなかったのは、やはり幕府が、

「軍事政府」

であったからである。

その意味では、江戸時代に日本には「士」とくに「政士」と呼ばれる階層が存在しなかったことが、ちょっと残念だ。すべて武士中心の歴史が綴られ、学者が付随的に登用されるという場合が多い。わずかに、江戸時代初期の中江藤樹あたりが、

この「士」に当てはまるかもしれない。もし日本にも「学士」「政士」「武士」の三つの士あるいは、さらに他の職業分野における「士」が併立するような社会が形作られていたら、日本の歴史も随分変わっていたに違いない。同時に日本の政治の質も変わっていただろう。あるいは、身分制の問題も別な形で、公平化・平等化されていたかもしれない。

現代のビジネスマンにとって、直接の関わりはないかもしれないが、日本の社会構造の深淵を知る意味では、無視できない要素を持っているのだ。

人を納得させるための三要素

子曰わく、民はこれに由《よ》らしむべし。これを知らしむべからず。

◇子曰、民可使由之、不可使知之。

先生がおっしゃった。「人民は法令に従わせることはできるが、なぜその法令が出されたかを知らせることはむずかしい」

＊

『論語』の中で、

「非民主的だ」

と一部で解釈される有名な言葉がある。ふつうは、

「政治は一部権力者が思いのままに行うから、国民は余計なことを考えなくていい。そのためには、情報も公開しない」

という意味に使われている。しかし、本来の意味はそうではない。ここに書かれたように、

「人民を法令に従わせることは簡単だが、しかしなぜそういう法律が出されたかということを説明することはむずかしい」

という意味だ。なぜむずかしいかと言えば、まだ国民の学殖がそこまで高まっていないからだ。言ってみれば、国民の多くが文字を読めないので、権力側の考えを伝えることができないということらしい。だからと言って、孔子は権力者たちに、

「人民は文字が読めず、馬鹿者揃いだから、思うように政治を行いなさい」

と言っているわけではない。孔子が願ったのは、

「国民すべてが、法令の意味を理解できるように教育の水準を引き上げるべきだ」

ということだろう。そして、

「そのために、自分たちは諸国を回って努力しているのだ」

ということだ。

現代の組織においても、いきなり新しい仕事や、理由のわからない仕事を部下に言いつければ、部下は必ず疑問を持つ。だからきく。

「なぜ、こういう仕事をわたしがやらなければならないのですか？」

こうきかれたら上役は相手を納得させなければならない。納得させるには、つぎの三つを柱にした説得が必要だ。三つ柱とは、

一、なぜということに対し、こういう目的があるからだと「目的」をはっきり告げる。

二、君のやってくれる仕事は、この目的に対しこれだけの貢献度・寄与度があるという、「寄与度」を明確に示す。

三、そして成し遂げた仕事に対し、こういう信賞必罰を行う「評価」を示す。

すなわち「目的・寄与度・評価」をはっきり伝える義務がある。こういう時に、説得が面倒なものだから、いきなり頭ごなしに、

「ぐずぐず言うな。社長命令だ」

というような押し付けをする上役がいるが、これは間違いだ。つまりこの場合も懇切丁寧に説得する必要がある。この言葉は、決して二千五百年前のことではなく、現代でも往々にして各職場で起こっていることだ。特に、リーダーシップとの

関わりが深い。もちろん、現在の国民の国政や地方行政に対する関心の持ち方に、「情報公開と参加」の問題がある。この情報公開と参加の問題は、そのまま企業組織内の問題でもあるのだ。

目的を見失うな

子曰わく、勇を好みて貧しきを疾《にく》むは、乱なり。人にして不仁なる、これを疾むこと已甚《はなは》だしきは、乱なり。

◇子曰、好勇疾貧、乱也、人而不仁、疾之已甚、乱也。

先生がおっしゃった。「自分の能力に自信があるものが、貧しい生活に突き落とされ、それに甘んじることはできないと、必ず反乱を起こす。また人の道に反したからといって、あまりにも激しく憎むと、これもまた自棄糞《やけくそ》を起こして反乱を起こす」

＊

いま日本では依然としてリストラ（リストラクチャリング）旋風が吹きまくってい
る。財政難を克服するための経営努力の一環なのだが、どうも近頃はこれを悪用し
たり、また目的を失って方法論だけが正面に出ているような気がしないでもない。
つまり普段から、上の方から眼を着けられていた人間が今がチャンスとばかり、生
首を切られたり、左遷されたりする例が無しとしないからだ。能力のある者は得て
して誇り高く、自信がある。したがって、人付き合いが悪いし、場合によっては上
役を馬鹿にすることもある。そうなると上役の方は腹に一物を抱いて、（折があれ
ば、必ずこいつを飛ばしてやる）と思う。あるいは、もっと権限を持つ者にすれ
ば、（クビにしてやる）と思うだろう。それが今のような不況期に、企業界全体でリ
ストラ旋風が吹きまくれば、絶好の機会が来たとばかりに、普段から眼を着けてい
た人間をターゲットにすることは考えられる。この言葉は、
「そういう場合でも、度が過ぎると相手は尻をまくるぞ」
という警告をしているのだ。本来リストラクチャリングというのは、
「再構築する」
という意味で、単なる減量経営・クビ切り・何でも節約の意味ではない。何のた
めにリストラを行うかと言えば、企業にあっては、
「客のために」

であり、政治や行政においては、「国民や住民のために」ということだ。この「ために」が見失われ、ただひたすらにけちけち作戦や、働く者苛めばかり行うから、日本全体の空気が暗くなっている。本来の意味に立ち返って、「真のリストラ」を行うことが、国家・地方自治体・企業のあらゆる分野において必要なのではなかろうか。

口先だけの存在になるな

子曰わく、其の位に在らざれば、其の政《まつりごと》を謀《はか》らず。

◇子曰、不在其位、不謀其政也。

先生が言われた。「その地位にいるのでなければ、政治のことに口出しをしてはならない」

＊

この言葉は、別に政治だけに限ることではなかろう。仕事全般について言える。組織にはよく、

「社内評論家」

というのがいる。別にそんな立場にないのに、ああでもないこうでもないと批評ばかりして歩く。ちがう言い方をすれば、

「社内雀」

だ。人のあげつらいや、批判ばかりして歩いていて、実際に自分の仕事はなかなかやらない。言ってみれば、

「口先だけの存在」

である。孔子がここで言った言葉をそのまま受け止めれば、社会における政治評論家や、あるいは野党の政治家の存在が否定されてしまう。孔子はそんなことを言ったわけではあるまい。

「責任のない連中が、それをいいことに勝手なことばかり言っていたのでは、世の中はよくならない」

ということだろう。この頃では、企業でも、

「社内オンブズマン」

という、政治や行政における、

「監察制度」

を導入するような動きもある。これは明らかに孔子の言う、

「その位に在る者」

だ。今までは、

「臭いものには蓋をしろ」

という傾向が強かった。孔子の言葉は、

「臭いものに蓋をするな。明らかにしろ」

という意味にとるべきだろう。いわゆる、

「ガラス張りの経営」

が必要だということだ。これは、何も社の外に対してだけではない。社内に対しても必要だ。前に出て来た、

「由らしむべし・知らしむべからず」

を防ぐ意味でも、末端に至るまで、

「情報の公開と共有」

は、現在の企業経営においても欠くことのできない条件だ。

「そうせい侯」に学べ

子曰わく、巍巍《ぎぎ》たるかな、舜《しゅん》・禹《う》の天下を有《たも》てるや。而して与《あずか》らず。

◇子曰、巍巍乎、舜禹之有天下也、而不与焉。

先生がおっしゃった。「実に堂々たるものだね、舜や禹が天下を治めていたありさまは。それでいて、すべてを賢い人々に任せて自分は直接お関わりにはならなかったのだから」

＊

よく言われる、

「君臨すれども統治せず」

という言葉が思い出される。

「支配はするが、細かいことは部下に任せる」

という意味だ。が、なかなか難しい。

「長」と名の付く立場にある人が行うべきは、

「選択肢の中から一つを選び出す（決断）」

である。他のことはすべて部下に任せてよろしい。ところが任せ切れない上役が沢山いる。部下のやることを見ていられない。すぐ、

「それはこうやるんだよ」

と手を出す。あるいは、

「一体、君は何をやっているんだ。この間教えたのに全く覚えていないな」

と叱り飛ばす。これでは駄目だ。つまり、

「考える部下」

を養成することが大事なのであって、

「犬のように、ただ命令に従う部下」

では、組織全体の発展は望めない。

幕末の長州藩主に、毛利敬親《たかちか》という人物がいた。あだなを、

「そうせい侯」

と言われていた。部下が、

「どう致しましょうか？」

ときくと必ず、

「そうせい（そうしろ）」

と答える。これが続いたので、しまいには部下の方も、

「こうしてよろしゅうございますか」

と、自分の方が選択肢を選んできくようになる。それに対しても敬親は、

「そうせい」

と応じた。幕末の長州藩は一枚岩ではない。藩の進路について意見が真二つに割れていた。その割れたままの考え方を敬親のところにそれぞれの派が持ち込む。その度に敬親は、

「そうせい」

と応じた。このために、藩内で血を見るような争いが起こった。しかし敬親はじっとその有様を凝視し続けた。これはなかなかできないことだ。と言うのは、敬親は、

「全く相反する意見」

に対しても、

「そうせい」

と命じたからである。しかし、敬親は決して凡庸な人物で、何も考えなかったわけではない。その時点、時点で、

（これは、こうしたほうがいい）

と思うからこそ、相反する意見に対しても、

「そうせい」

と命じたのである。これは突っ込んで考えれば、敬親は、

「どのような結果になろうとも、責任は自分が負う」

というトップの責務感を認識していたことを物語る。だからこそ部下の方も、

「つまらないことを伺うと、殿様に迷惑がかかる」

ということになって、

「できるだけ、自分たちの判断で殿様にご迷惑が及ばないようにしよう」

ということになっていった。つまり、

「考えるくせ」

が部下に行き渡った。これが結束して、やがては、真二つに割れていた藩論が一つになり、

「討幕」

に結実した。

余談だが、幕府が倒れて明治新政府をつくりあげたのは、主として長州藩や薩摩藩の下級武士だ。現在で言えば、山口県庁や鹿児島県庁の係長クラスだ。にもかかわらず、この連中が明治政府の大臣を務め抜いた。なぜそれができたかと言えば、

やはりそれぞれの藩において、

「考える社員」

になっていたからである。その結果、かれらは、

「長州藩という小さな井戸の中だけでものを考えていてもそれはカエルにすぎない。日本のカエル、世界のカエルにならなければ駄目だ」

という、今の〝グローカリズム（グローバルにものを見て、ローカルに生きる）〟を身につけていたからである。かれらがそうなっていった大きな原因は、やはりトップの毛利敬親が、なにごとにつけても、

「そうせい」

と、泰然と構えていたためだ。

夏目漱石がこんなことを言った。

「雲雀《ひばり》は、羽で空を飛んでいるのではない。さえずり声で飛んでいるのだ」

うまいたとえだ。雲雀のような上役が組織内にも沢山いる。つまりいつもさえずっていなければ、その空にとどまっていられないような、いたたまれなさを感ずるようなタイプだ。こういう上役は、部下のやることをじっと見ていられない。すぐ口を出す。そして自分の優位をひけらかす。そんなことを言われなくても、部下の方はよくわかっている。

(何も言わずに、じっと空にとどまっていてほしい)

と思う。それが、羽を動かすよりも、口の方を先に動かしてあれこれといろんなことを言うから、部下の方がしまいには腹を立てて仕事を投げ出してしまう。

「それなら、係長がやってくださいよ」

ということになってしまう。雲雀管理職は、「そうせい侯」に学ぶべきだろう。管理職だけではない、トップ層にもこのことが言える。

率先垂範せよ

子曰わく、禹は吾れ間然《かんぜん》すること無し。飲食を菲《うす》くして孝を鬼神に致し、衣服を悪《あ》しくして美を黻冕《ふつべん》に致し、宮室を卑《ひ》くして力を溝洫《こうきょく》に尽くす。禹は吾れ間然すること無し。

◇子曰、禹吾無間然矣、菲飲食、而致孝乎鬼神、悪衣服、而致美乎黻冕、卑宮室、而尽力乎溝洫、禹吾無間然矣。

先生がおっしゃった。「禹という君子は非のうちどころがなかった。自分の食事をきりつめて神々にお供えしてまごころをつくし、着る物は質素で祭の時の前だれや冠を立派にされた。またご自身の住まいは粗末にして、治水に全力を注がれた。禹の君に対しては、わたしは全く非難する余地がない」

＊

よく言われる、

「トップやリーダー層の率先垂範」

のことだ。つまり、部下に対して嫌なこと、辛いこと、痛みを覚えるようなことを押し付ける場合には、

「自分が自らそれを行わなければならない」

ということである。中国古来の伝説の名王と言われた禹の行動について、孔子がこういう感想を持ったという話だ。自分の生活は衣・食・住の全面に渡って質素にし、民のための治水工事や、あるいは王として為すべき神事の道具や衣服には金を惜しまなかったということである。世の中には、

「何をやっているのか」

という内容を重視する向きと、

「だれがやっているのか」

というやり手を重視する向きとがある。そして、後者の影響力の方が強い。

例えば、かつて公務員に対し厳しい行財政改革を求めた委員会の長を、経済人の土光敏夫さんが務めた。土光さんは、朝御飯はめざしという質素な暮らしを送っていた。これがよく世間に知られていた。だから土光さんの立てた案に対しては、ほとんどの人が文句が言えなかった。つまり土光さん自身が、

「率先垂範」

していたからである。現在の、国や地方自治体においては行財政改革が、民間企業においては経営改革がしきりに行われている。しかし、上層部が下に対してだけこれを求めても駄目だ。また、不祥事を起こした企業のトップが、払うべき借財の返済に公的資金を求めながら、自分自身は巨額な退職金を得ているということではやはり駄目だ。昔の藩政改革者は、
・まず、借りている金を返す。
・藩士（社員）の給与を減らす。
・あらゆる面において節約を行う。
・上層部は、特に給与の減額率を高める。
などという努力を行った。だからこそ、人々の信頼を得た。

第九

子《し》罕《かん》篇

孔子は利を語らず

子、罕《まれ》に利を言う、命《めい》と仁と。
◇子罕言利与命与仁。

先生は利益と運命と仁については殆んど語らなかった。

＊

この文章にはもうひとつの解釈がある。

(先生は、利益については滅多に語らなかった。語られるとすれば、運命や仁徳に関することだった)

浅学のわたしには、どちらが正しいのかわからない。しかし、孔子を尊敬する意味からすれば、後者だろう。

虚勢を張るな

子、四を絶《た》つ。意なく、必《ひつ》なく、固《こ》なく、我《が》なし。
◇子絶四、毋意、毋必、毋固、毋我。

先生は四つのことを絶対になさらなかった。わがままな心を持たず、ごり押しをせず、こだわりもなく、我を張らなかった。

＊

説明の必要はないだろう。

「リーダーの持つべき条件」として考えればいい。周りを見回しても、こういう上役はよくいる。考えてみれば、この四つを必ず行うという上役は、おそらく自信がないからだ。空虚な自分を知っているからこそ、中に実があるようなふりをして、虚勢を張らなければならない。そのためには、

「私心を持ち、ごり押しをし、ものにこだわり、そして我を張る」

と、孔子が絶対に持たなかったという四つのくせを、むしろ、「生き方の四柱」として、職場で押し通しているのだ。こういうリーダーに対しては、「『論語』に、こういうことが書いてありますよ。どう思いますか？」と、このページを参考に見せるといい。

自分以外はすべて師だ

顔淵《がんえん》、喟然《きぜん》として歎じて曰わく、これを仰げば弥弥《いよいよ》高く、これを鑽《き》れば弥弥堅し。これを瞻《み》るに前に在れば、忽焉《こつえん》として後《しりえ》に在り。夫子《ふうし》、循循然《じゅんじゅんぜん》として善く人を誘《いざな》う。我れを博《ひろ》むるに文を以てし、我れを約するに礼を以てす。罷《や》まんと欲《ほっ》するも能《あた》わず。既《すで》に吾が才を竭《つ》くす。立つ所ありて卓爾《たくじ》たるが如し。これに従わんと欲すと雖ども、由《よし》なきのみ。

◇顔淵喟然歎曰、仰之弥高、鑽之弥堅、瞻之在前、忽焉在後、夫子循循然善誘人、博我以文、約我以礼、欲罷不能、既竭吾才、如有所立卓爾、雖欲従之、末由也已。

顔淵が、ため息をつきながらこう言った。「うちの先生は、仰げば仰ぐほどいよいよ高く、きりこめばきりこむほどいよいよ堅い。前にいらっしゃったかと思うと、ふいに後にいらっしゃる。先生は順序よく人を導かれ、書物でわたしの視野を広くさせ、礼でわたしをひきしめてくださる。わたしは何度か学問をやめようと思ったが先生の教えによってやめることができない。わたしはすでに才能を出しつくしているのだが、先生は足場の上に立たれているようで、ついて行きたいと思ってもその手だてがみつからない」

＊

孔子の偉大さを、弟子の顔淵がため息をつきながら言った言葉だ。顔淵は孔子が最も愛した弟子だ。顔淵が死んだ時、孔子は、

「天は自分を滅ぼした」

と号泣した。

「この師にして、この弟子あり」

という気がする。

幕末時、勝海舟は今で言えば国立の海軍大学の学長を務めていた。ところが、神戸につくったこの海軍大学から反乱人が何人か出た。つまり、倒幕の企てに参加し

たのである。怒った幕府は、この大学を閉鎖し、勝をクビにしてしまった。勝は慨嘆した。

「もう幕府はだめだ」

そう考えたかれは、幕府を倒そうと企てている倒幕派の首領西郷隆盛と会って話をしようと考えた。勝は、

「日本のために、徳川幕府の内情を全部ばらそう」

と考えて、自分が実際にアメリカに行って見て来た民主制度（共和制）を、日本の政治に導入しようと考えたのである。しかしいきなり西郷に会う前に、かれは門人の坂本龍馬を西郷のところにやって会わせた。戻って来た坂本に勝がきいた。

「西郷はどんな人物だった？」

これに対し坂本はこう答えた。

「西郷さんは、偉大な人物で得体が知れません。大きく叩けば大きく響き、小さく叩けば小さく響きます。わたしの手には負えません」

坂本もさすがに西郷の人物をよく見ていた。孔子もおそらく、

「弟子の能力に応じた教え方をする」

というタイプの教師だったろう。だから、小さく叩けば小さく響き返し、大きく叩けば大きく響き返す。顔淵のように、孔子を知りつくした門人にとっても、その

存在は偉大であって、自分が追いついたかなと思うと、さらに一歩高い所にいる。あるいは遠くにいる。

「生涯かかっても、到底師のいる場所には追いつけない」

という謙虚な気持ちが、この言葉を口にさせたのだろう。

職場においても、いろいろな人がいる。自分の器量で、

「相手はこんな程度だ」

と思い込むのは即断だ。つまり人間というのは、三六〇度方位から光を当てることができる存在だ。したがって、いろいろな角度から光を当て得るし、同時にそれに対して光を返す。自分にだけのリアクションで、その人間を判断することはできない。

「自分以外、すべて師だ」

と言ったのは、作家の吉川英治さんだ。吉川さんは、子供のときから苦労していたから、

「自分以外の人からは、何でも学ぼう」

というひたむきさを持っていた。その結実した作品が『宮本武蔵』だろう。宮本武蔵は、日本では珍しい「教養小説」あるいは「自己形成小説」として読める。職場の人間関係についても、大いに参考になるような項目が沢山含まれている。

私心を見抜け

子の疾《やまい》、病《へい》なり。子路《しろ》、門人をして臣たらしむ。病、間《かん》なるときに曰わく、久しいかな、由《ゆう》の詐《いつわ》りを行うや。臣なくして臣ありと為す。吾れ誰れをか欺《あざむ》かん。天を欺かんか。且《か》つ予《わ》れ其の臣の手に死なんよりは、無寧《むしろ》二三子の手に死なんか。且つ予れ縦《たと》い大葬を得ずとも、予れ道路に死なんや。

◇子疾病、子路使門人為臣、病間曰、久矣哉、由之行詐也、無臣而為有臣、吾誰欺、欺天乎、且予与其死於臣之手也、無寧死於二三子之手乎、且予縦不得大葬、予死於道路乎。

孔子先生の病気が重くなった。そこで子路は自分の門人を家来に仕立てて、先生の所に送り込んだ。先生は自分の病気がいくらか持ち直したときにこうおっしゃった。「昔からのことだが、おまえの偽善ぶりはちっとも変わらないな。わたしに家臣がいないのに、まるでいるかのように自分の家来を送り込んで来た。こんな真似をしてわたしはだれをだますのだ、天をだますのか。わたしは、こんな偽の家来の世話を受けて死ぬよりは、むしろ弟子たちの世話で死にたいものだ。第一わたしは立派な葬式は出してもらえないにしても、道ばたで野垂れ死にをするようなことは絶対にないからね」

＊

『論語』の中でしばしば問題になるように、子路というのは、

「はったり屋」

であり見栄坊だった。しかし、そのかれがおそらく善意からだろうが、隠棲している孔子が孤独な立場なので、

「せめて大夫《たゆう》の扱いで、師を立派に飾りたい」

と考え、自分の家臣を孔子の家来であるかのように偽って送り込んだ。それを知った孔子が、相変わらずの子路の偽善ぶりを咎めた言葉である。

江戸時代、豊後（大分県）日出《ひじ》藩の木下家に仕える学者に帆足万里《ほあしばんり》という人物がいた。〝豊後の三賢人〟の一人だった。一時は、藩の家老まで務めたが、やがて隠居して城下町で小さな塾を開いた。その名を慕って、日本全国から沢山の若者が入門した。やがて万里は病気に罹った。藩では、

「城下町にいたのでは十分な看病ができない。城内に入ってください」

と言って、城内に病室を用意した。諸国から来た門人たちは看病に入れなくなった。

「他国者は、城内に入ることを禁ずる」

という厳しい掟があったからである。この時、阿波出身の門人で武三という若者が、頭を丸め、僧衣をまとって城内に入った。厳しい掟も、

「僧はこの限りにあらず」

となっていたからである。武三はそのまま城内に滞留し、師の万里の看病を続けた。万里は喜んだ。というのは、武三が、

「わたしの後ろには、全門人がおります。みんな心配しています」

と言ったからである。つまり、万里の場合には武三はじめ全門人に、

「師に対する誠意（真心）」

があった。子路の場合には、師に対する真心よりも、

「自分自身の虚栄心を満足させようとする私心」

が前面に出た。孔子は鋭くそれを見抜いて、こういう叱り方をしたのである。特に、

「おまえは相変わらずだな」

という言い方は、子路がそれまでにもしばしば、同じようなことをしていたから

だろう。

売る時は買い手を選べ

子貢曰わく、斯《ここ》に美玉あり、匵《とく》に韞《おさ》めて諸《こ》れを蔵せんか、善賈《ぜんこ》を求めて諸れを沽《う》らんか。子曰わく、これを沽らんかな、これを沽らんかな。我れは賈を待つ者なり。

◇子貢曰、有美玉於斯、韞匵而蔵諸、求善賈而沽諸、子曰、沽之哉、沽之哉、我待賈者也。

子貢が孔子に言った。「ここに美しい玉があるとします。箱に入れてしまいこんでおきましょうか、それともよい買い手をさがして売りましょうか」。先生はこうおっしゃった。「売るとも、売るとも。しかし、同じ売るにしてもわたしは買い手を待ち続けるよ」

＊

人間社会ではいつも猟官運動が盛んだ。ポストに需要と供給の関係があるからだ。多くの人が求めても、そのポストが少なければどうしてもコネが横行し、あるいは賄賂を使ってでもそのポストを得ようとする。したがって、孔子たちの唱える、

「野に遺賢なし」

という考えは、次第に理想に変わりつつあった。孔子自身も、何度も、

「野の遺賢としての存在」

の苦い汁を飲まされた。これを知っている弟子の子貢が、

「先生は、美しい玉のようなものですが、箱に入れてそのまま埋もれてしまいますか。それとも、ご自身を売り込みますか？」

ときいたのだ。孔子はこれに対して、

「売り込むとも、売り込むとも」

と言葉をはずませている。つまり、

「今のような社会では、売り込みを否定はしない」

ということだ。ところが、最後の、

「しかし、わたしはいい商人が買いに来るのを待っている」

というのは、

「売り込もうという気持ちは持つが、自分から実際行動には出ないよ」

という意味である。この辺が、孔子の、

「自分を保つ限界」

だったのだろう。これは微妙な問題だ。つまり、ひとり高きにあって、そういう汚れた社会を見下ろし、汚れたものとして軽んずるわけではない。

「自分には、いつでも官職を得たいという気持ちはある。しかし、安売りはしない」

ということだろう。特に、

「いい商人」

というのは、

「買いに来る人間はだれでもいい」

ということではない。こっちが選ぶということだ。選ぶ基準は、

「この世の中に役立つ政治家」

ということである。大失業時代、大転職時代と言われる今、孔子のこういう姿勢を、切実な思いで毎日を送っている人々は、どう受け止めるだろうか。

地方が情報の発信基地になる

子、九夷《きゅうい》に居らんと欲す。或るひとの曰わく、陋《いや》しきことこれを如何《いかん》せん。子曰わく、君子これに居らば、何の陋しきことかこれ有らん。

◇子欲居九夷、或曰、陋如之何、子曰、君子居之、何陋之有。

先生が、自分の唱える道がなかなか本土で行われないので、いっそのこと東方の未開の地に行ってしまおうかとおっしゃった。これを聞いたある人が「あなたが行こうとされる地域は、大変にむさくるしいと思いますが、どうでしょう」。これに対し先生は「君子がそこに住めば、何のむさくるしいことがあるものですか」とお答えになった。

＊

現代風に考えれば、「本社の空気がすっかり汚れてしまった。それならばいっそ、まだ空気のきれいな支店か支社に行って、そこからもう一度本社を見直そう」

ということではなかろうか。つまり、本社の空気が汚れたからといって辞職するわけではない。社籍はきちんと措いておく。ただ勤め場所を本社から見て、

「あそこはまだ未開地だ」

と言われるような職場に身を移そうということだ。これは、よく言われる、

「栄転と左遷」

の問題にもつながっていく。

栄転と左遷の関係というのは、やはり本社優位の考え方が支配的であって、地方へ出ることは、

「あいつは左遷された」

と言われる。本人自身も、

「おれは左遷された」

と思う。が、現地の平社員は、大体進出企業の、

「地域への還元」

の一環策として、現地採用の人が多い。その人達は、そこに生まれ、育ち、そして骨を埋めていく。ほとんどが、リタイアの年限までその土地に深い関わりを持っている。それなのに、本社から行った人間が、

「おれは左遷された」

などと言えば、現地採用の人々は一体どういう気持ちを持つだろうか。

（おれたちが勤める職場は、本社から見ると流罪地なのか）

と思い込む。むかし、菅原道真が、都から九州の太宰府に移された時に、この左遷感を持って日夜嘆いた。それまでの菅原道真の地位からすればたしかに左遷だったが、しかし彼は権謀術策に敗れたのだ。藤原氏一門と戦う術策も持たず、また勇気もなかった。それはかれの文学好きに大きな原因がある。

本社は、生存競争が厳しいからそれだけ権謀術策が渦巻く。同時に、その権謀術策の中を泳ぎ抜くような処世術が達者になる。したがって、一生を地方で過ごす地付きの人々とは、生き方の凄まじさにおいてはかなりの違いがあることはたしかだ。しかしだからと言って、地方の職場にある種の、

「純粋性」

がないとは言えない。言ってみれば、地方の職場に勤める人々には、

「純粋培養されたいいところ」

が沢山ある。そういうところに行って、左遷されたリーダーがまず最初に言う言葉が、

「おれは左遷されて来た」

であれば、現地の人々との信頼感はまったくなくなってしまう。愛想を尽かされ

てしまう。見限られたリーダーが、どんな惨めな目にあうかは言うまでもない。孤立する。そうなるとよけい自暴自棄になる。職場の空気も荒れる。ろくなことはない。

それなら、まず現地に行ったリーダーは、

「ここから、本社を岡目八目的に見てみよう」

と考えたらどうだろうか。そして、自分もずっぽり浸ってきた本社のいわば、

「不純な部分」

一つ一つをリストアップして分析することだ。不純な部分というのは、

「客（ユーザー）に関わりのないこと」

である。つまり、

「社内の論理」

あるいは、

「社内でしか通用しない処世術」

のことだ。それを改めて、

「お客さんの立場に立って」

というアングルから見直せば、いろいろな問題がえぐり出せるはずだ。それに気づいたら、そのことを折々、本社の知人に対し、意見書を出すことである。頭か

も、

「本社は間違っている」

と、気になることをえぐり出して露骨に言えば、本社側ではせせら笑うだけだ。

「あいつは左遷されたものだから、ひがんでものを言っている」

と一笑に付されてしまう。いい意見を本社に通用させるためには、やはり言う側も、

「公の精神」

が必要だ。

現在、政治や行政においては、

「地方分権」

ということが叫ばれ、加速度を加えて諸機能が地方へ移されている。そして、地方の時代と言われるのは、

「地方が情報の発信基地になる」

ということだ。そして、日本全国から発信される情報によって、東京が包囲され、東京の一極集中の悪弊が除去される。それには、単に政治や行政だけの機能が地方に移っても意味はない。企業の機能も地方へ移り、同時にマスコミの機能も地方へ移る。つまり、これらの機能が一体となって、地方から情報を発信すれば、東

京に集まっている機能など、一朝にして崩壊してしまう。それが本当の、「地方の時代」なのではなかろうか。言ってみれば、「小さな本社・大きな現場」ということは、単に施設的、人員的にそうなればいいということではない。本当の機能を地方に移すことだ。極端な言い方をすれば、地方に置かれた職場もそれぞれ、「どこどこ本社」と名乗ることが望ましい。なぜなら、現在の税制度から言えば、東京に本社がある場合は、どんなに地方で実績を上げても、納める法人税や事業税は全部東京都などに入ってしまう。地方を活性化するためには、地方で得られた利益は、地方に税として還元されるべきだ。そうなれば、各地方の財政力が強まる。また、報道機関もいわゆる、「支局機能」を充実し、現在社会部だけで扱っているニュース提供を、政治部・経済部・文化部などの記者が進出して、強化拡充すれば、地方の時代はいよいよ言葉だけでなく、真実のものになっていく。

そのためには、ビジネスマンも、地方へ出ることを、「左遷された」などとは考えずに、「地方の時代における、われわれは企業界のチャンピオンなのだ」という意気込みを持って欲しい。

解釈は時、処、位により違っていい

子、川の上《ほとり》に在りて曰わく、逝《ゆ》く者は斯《か》くの如きか。昼夜を舎《や》めず。

◇子在川上曰、逝者如斯夫、不舎昼夜。

先生が川のほとりでおっしゃった。「すぎゆくものはすべてこの水の流れと同じだろうか。昼も夜も休まない」

＊

ふるい詩集に『上田敏全訳詩集』(岩波文庫)というのがある。フランスの詩人ボードレール、ヴェルレーヌ、マラルメ、ランボーなどや、イギリスのブローニング、ロセッティなどのヨーロッパの詩人の詩を、上田敏が訳したものだ。その後の北原白秋などの詩人に、大きな影響を与えたと言われる。この詩集の中に、アレントの「わすれなぐさ」というのがある。つぎのような訳詩だ。

ながれのきしのひともとは、
みそらのいろのみずあさぎ、
なみ、ことごとく、くちづけし
はた(また)、ことごとく、わすれゆく

また、ヴェルレーヌの「落葉《おちば》」という訳詩がある。

あきのひの
ヴィヨロンの
ためいきの
身にしみて
ひたぶるにうら悲し
鐘のおとに

むね蓋《ふさ》に
いろ変へて
なみだぐむ
過ぎし日の
おもひでや
げにわれは
うらぶれて
ここかしこ
さだめなく
とびちらう
おちばかな

余談だがこの詩は、第二次世界大戦の時に、連合軍がノルマンディに上陸する際、フランス側のゲリラ組織が合い言葉として使ったものだ。合い言葉にヴェルレーヌの詩を使うなどは、やはりフランス人は文化人だなという気がする。

ここでは、孔子が次第に老いていく自分の身をしみじみと嘆いたという解釈が素直のようだ。しかし中国では、後になって、

「この詩は、水の流れのように人間のたえまない精進努力の様を告げたものだ」

という解釈がされたという。それはそれで、またひとつの見方である。つまり、『論語』にしても、すぐれた人々の言った言葉や文章は、

「その時・自分が・どんな立場に立ち・何を悩んでいるか」

ということによって解釈が違う。だからいわゆる、

「時・処・位」

によって、自分なりの解釈があるということだ。そしてその解釈は許されていい。

「こう解釈しなければいけない。おまえの解釈は間違っている」

と決めつけたら、せっかくその人が必死になって、

「この言葉はこういう意味なのだ。だから今の自分に非常に役立つ」

という発見をしたつもりなのが、無残にも打ち破られてしまう。そういう決めつけはやはり努力している人間に対して非情なものだ。

物ごとの成否は最後の一踏ん張りにある

子曰わく、譬《たと》えば山を為《つく》るが如し。未だ一簣《き》を成さざるも、止《や》むは吾が止むなり。譬えば地を平らかにするが如し。一簣を覆《ふく》すと雖《いえ》ども、進むは吾が往くなり。

◇子曰、譬如為山、未成一簣、止吾止也、譬如平地、雖覆一簣、進吾往也。

先生がおっしゃった。「たとえば山を作るようなものだ。せっかくもう一もっこというところなのに、それが完成しないのは、結局自分がやめたからだ。たとえば土をならすようなものだ。一もっこをあけただけでも、進行したのは自分の努力のたまものなのだ」

＊

すぐ思い起こされるのは、上杉鷹山が唱えていたという言葉だ。

「なせばなる　なさねばならぬなにごとも　ならぬはひとのなさぬなりけり」

つまり、

「せっかく目標を立てても物ごとが進まないのは、自分の努力が足りないからだ。やっている本人にやる気がないからだ」

という厳しいものである。しかしこの言葉は、上杉鷹山のオリジナルではない。鷹山より遙か昔に生きた、戦国末期の歌人大名細川幽斎や、中江藤樹の門人熊沢蕃山《くまざわばんざん》（岡山藩池田家の家老で、藩政改革に努力した）も言っている。おそらく、中国の古語を日本流に訳したものだろうから、出典は案外この言葉あたりにあるのかもしれない。一言で言えば、

「最後の詰めが甘いのは、やっている本人の忍耐力が不足していたからだ。もう一息というところで、もう駄目だと思う気持ちが物ごとをせっかく積み上げたのに、ガラガラと崩してしまう。物ごとの成否は、すべて最後の一踏ん張りに掛かっている」

ビジネスマンにもしっかりあてはまる言葉だ。

相手の秘めている徳を掘り起こせ

子曰わく、苗《なえ》にして秀《ひい》でざる者あり。秀でて実《みの》らざる者あり。

◇子曰、苗而不秀者有矣夫、秀而不実者有矣夫。

先生がおっしゃった。「人を育てるというのは苗を植えるのと同じだ。しかし、苗を植えても穂を出さない人もいるし、また穂を出しても実らない人もいる。なかなか難しいものだ」

＊

これも前の「もう一踏ん張り」と同じような意味だ。つまり、孔子自身は教育の難しさを語っているが、それは教える側の努力だけではなく、教えられる側の努力も必要だということを言っている。

教える側の努力と、教えられる側の努力ということでは、二宮金次郎の有名な、「土の持つ徳と、それを鍬で掘り起こす農民側の徳との関係」を思い出す。二宮金次郎は、

「土の中には必ず徳が潜んでいる。だから、耕す農民の徳、つまり土に対して肥料を与えたり、柔らかくほぐしたりする努力に、土が感謝して、自分が潜めている徳を提供し、農民が蒔いた種を育て、実らせる。これは、耕す側の徳と、土の持つ徳とが互いに共鳴して、相乗効果を起こすからだ。したがって、たとえ荒れ地であっても、土の中には徳が潜んでいる。荒れ地には、何も育たないと投げ出すのは、耕

す側の努力が不足しているからだ」

と言っている。これは職場における仕事に対する態度にも言えるし、また人間関係にも言えるだろう。つまり見掛けだけで、すぐ相手を嫌いだとか、気に入らないとかいう決めつけをするのは、まだ、

「自分の方が、相手の潜めている徳を掘り起こす努力が不足しているからだ」

と思えば、また違った人間関係が生まれて来るだろう。

後生畏るべし

子曰わく、後生畏《こうせいおそ》るべし。焉《いずく》んぞ来者《らいしゃ》の今に如《し》かざるを知らんや。四十五十にして聞こゆること無くんば、斯《こ》れ亦た畏るるに足らざるのみ。

◇子曰、後生可畏也、焉知来者之不如今也、四十五十而無聞焉、斯亦不足畏也已矣。

先生がおっしゃった。「若者は恐るべきだ。これからの人が今のわれわれほどにはなれないなどと、誰が言えるだろうか。しかし、四十歳、五十歳になっても、世

間に全く知られないようなら、少しも恐れることはないよ」

＊

このくだりは、

「後生畏るべし」

という言葉がかなり行き渡っている。日本にまだ海軍があった時に、太平洋戦争のきっかけを作った真珠湾攻撃の指揮者山本五十六元帥が、常にこんなことを言っていた。

「実年者は、今どきの若い者などということを絶対に言うな。なぜなら、われわれ実年者が、若かった時に同じことを言われたはずだ。今どきの若者は全くしょうがない、年長者に対して礼儀を知らない、道で会っても挨拶もしない、一体日本はどうなるのだ、などと言われたものだ。その若者が、こうして年を取ったまでだ。だから、実年者は若者が何をしたか、などと言うな。何ができるか、とその可能性を発見してやってくれ」

人によっては、

「戦争に参加したそんな軍人の言うことなど、信用できない」

という見方があるかもしれない。しかしわたしは違う。どんな立場に置かれた人でも、

「いい言葉はいい言葉なのだ」

と解釈している。つまり、

「誰が言ったのか」

ではなく、

「何を言っているのか」

という内容で考えれば、やはりその功罪は棚に上げて、学ぶべきところは学ぶのが、やはり生涯学習の態度ではないかと思っている。山本元帥の、

「若者が何をしたかだけで、こいつは駄目だと決めつけるな。何ができるかという可能性を引き出してくれ」

というのは、リーダーについて言えば、

「リーダーとして、その若者から可能性を引き出す努力がまだ不足しているのではないか」

という厳しい指摘ではないだろうか。これは現在の職場にもそのままあてはまる。つまり、

「あいつは駄目だ」

あるいは、

「こいつは駄目だ」

と決めつけているリーダーそのものが、

「おまえこそ駄目だ」

と言われるような駄目リーダーであることが多いのだ。

人の志は奪えない

子曰わく、三軍も帥《すい》を奪うべきなり。匹夫《ひっぷ》も志《こころざし》を奪うべからずなり。
◇子曰、三軍可奪帥也、匹夫不可奪志也。

先生がおっしゃった。「どんな大軍でも、その総大将を捕虜にして指揮権を奪うことはできる。しかし、たとえ一人のつまらない男でも、その男の志を奪うことはできない」

＊

これは、

「人間に加えられる力と意志の問題」

について語っていると見ていいだろう。そしてこれもまた、永遠性のあるテーマ

だ。いくつかの重要な問題が含まれている。ひとつは、

「総大将を捕虜にして指揮権を奪うことができる」

という言い方は、部下が大将の指揮権を奪いとるのだから、これは明らかに、日本の戦国時代に横行した、

「下剋上」

の思想に通ずる。

こんな話がある。豊臣秀吉は若い頃日吉丸と言った。父親に死なれた後、母親が再婚した。この母親の再婚した相手と、日吉丸は気が合わなかった。始終喧嘩ばかりしていた。心配した母親が、

「おまえがいると、うちのごたごたが絶えない。悪いけれど、おまえの本当のお父さんが残したお金が少しあるから、これを持って家を出ておくれ」

と言った。母親は、

「日吉丸がいなくなれば、あとは家族が円満に暮らせる」

と考えたのだ。本来なら、この母親は姑息な考えを持つ非情な人間だ。が、親孝行な日吉丸は母親を恨まなかった。

「わかったよ。家を出る。いつか、また一緒に暮らそうよ」

そう言って金を持って旅に出た。かれがこの時行こうとしたのは、駿河の今川義

元の城下町だった。できれば、今川義元の家来になりたいと思った。浜松まで来た時、松下嘉兵衛《まつしたかへえ》という武士に会った。松下は、今川義元の一部将だった。この方面に、城を貰っていた。日吉丸が気に入って自分の家来にした。日吉丸は木下藤吉郎と名を改めた。才覚があったのでトントン拍子に出世し、やがて松下家の財政を扱う掛りになった。ところが、この藤吉郎の出世ぶりに先輩が嫉妬した。憎んだ。結果、先輩たちは相談して、日吉丸に嫌がらせをした。それは、

「木下は、公金を押領している」

という噂を流したことである。噂を流しただけでなく、藤吉郎がいない留守に、金庫を開けて金を盗み出した。

これが問題になって、松下嘉兵衛は頭を抱えた。松下は決していい使用者ではない。気が弱い。かれもまた、

「無事大過なく物ごとを運びたい」

と考える姑息なリーダーだ。ある日藤吉郎を呼んだ。

「悪いが、退職金をはずむ。家を出てくれ」

そう言った。藤吉郎は、

「なぜですか?」

ときいた。松下は、

「おまえによくない噂がある」

と言った。木下は笑って、

「わたしが公金を押領したという噂でしょう?」

と言った。松下はそうだと頷いた。木下は顔色を改めると、

「御主人はそれを信ずるのですか?」

と訊いた。松下は首を横に振った。

「信じない。おまえはおれが発見した人材だ。そんな悪いことをするはずがない」

「では、なぜわたしをクビになさるのですか?」

「おまえに落ち度はないが、おまえがいることじたいが問題を起こす。おまえはやはりトラブルメーカーだ。わたしは、円満に松下家を経営したい。そうなると、おまえに出て貰うより仕方がない。だから退職金をはずむのだ。我慢して出て行ってくれ」

これを聞いた時藤吉郎は屹《きつ》となってこう言い返した。

「わかりました。松下家を出ましょう。しかし退職金はいりません。なぜなら、あなたのような主人は、わたしの方がクビにするからです。主人のあなたがわたしをクビにするのではなく、部下のわたしがあなたをクビにするのだとお考えください」

啖呵を切って藤吉郎は家を飛び出した。そして、駿河へ行くのはやめた。というのは、

「松下のような管理職を部下にしているようでは、今川義元も大したことはあるまい」

と思ったからである。

かれはUターンして、生まれ故郷である尾張国（愛知県）へ戻った。藤吉郎が旅先で数年を過ごしている間に、新興大名の織田信長がめきめき頭角を現していたからである。藤吉郎は、

「織田信長様にお仕えしよう」

と思い立った。これは、

「たとえ組織の力でも、その組織の力が付和雷同的にまとめられたものであれば、パワーは全くない。それよりも、むしろ一個人の持つ意志の方が強固なのだ」

ということを物語るし、同時に、

「一個人が、これだけは絶対に譲れないと思った志は、どんな力を加えても、破壊することはできない」

ということを物語っている。

去る者は追わず

子曰わく、歳《とし》寒くして、然る後に松柏《しょうはく》の彫《しぼ》むに後《おく》るることを知る。

◇子曰、歳寒、然後知松柏之後彫也。

先生がおっしゃった。「寒気が厳しくなってはじめて、松や柏《ひのき》の葉がほかの樹木に遅れて、落葉することがわかる」

*

先学の研究によれば、孔子がこの言葉を口にしたのは、前四九七年から四八四年にかけての孔子にとっての最後の亡命の旅が終わる頃のものだという。この頃、沢山いた弟子のかなりの数が、まるで櫛の歯が抜けるように孔子のもとから去って行った。つまり、

「この先生のお供をしていても、いい就職先が得られない」

と功利本位に見限った者もいた。あるいは、

「この先生の言っていることは、自己満足だけで、世の中にひとつも役立たないの

ではないか」

とその学説に疑問を持つ者もいただろうし、もっと極端な門人は、

「先生は権力者たちから、危険な思想家と見られているのではなかろうか。そうなると、一緒に供をしているわれわれ門人も、その仲間だと思われる。それではわれわれ自身も権力者から睨まれてしまう」

とこれまた、自分の身の危険を感じて逃げ出した。

孔子は、そういうようにして去って行く門人を決して咎めなかったし、追わなかった。すなわち、

「来るを拒まず、去る者を追わず」

である。

職場にもこういうことがよくある。職場の人間関係も、前に書いたように、

「一期一会《いちごいちえ》」

だから、「学べる人・語れる人・学ばせる人」などの種類にわかれる。しかし、

「学べる人」

という人は、得てして、

「社内閥」

の主導者と思われる。集まって来る連中もそういう先入観を持つ。つまり、

「閥のトップに立つ人は、必ず人事と財政について強い発言権を持っているから、その傘下に加われば自分も出世できるだろう」

などと思い込む。このへんは難しい。わたし自身は、社内閥の存在を否定しない。むしろ、あった方がいいと思っている。しかしそれは、あくまでも、

「仕事や人格形成の上において、大いに学ぶべきものを持つ人のもとに集まる」

ということであって、

「その人の推薦によって、いいポストに就きたい」

ということではない。格好いい言い方をすれば、

「その社の質を高める上で役立つ存在」

として、閥が存在すれば、社のためにもなる。したがってその閥は、数が多いほどいい。そして閥同士で競いあい、それぞれの閥のいいところが、社の発展に寄与すればこれが一番正しく、また意味のある閥だということになるだろう。

しかし、孔子の門人たちの中には、

「功利本位」

に孔子をとらえ、

「自分の得になる存在」

としか考えない者も多かった。こういう連中が去って行く様は、まさに、

「厳しい冬がやって来た」

という状況だ。そして孔子自身は、長い亡命の旅につかれて、

「帰りなん、いざ」

ということで故郷に向かっていた。故郷に住めば、二度と官に仕えることはない。門人たちはそれを知っている。だから、

「先生は敗北者だ。敗れてとぼとぼと故郷に帰って行く」

と、孔子を惨めな存在としてとらえ、どんどんそのもとから去って行った。

孔子がここで言った、

「松や柏が遅れて散る」

というのは、どういう意味だろうか。つまり、

「みんなに去られても、自分はしっかりと散り残っている」

ということだろうか。つまり孔子自身がそれだけ自分の生き方と学説に対する自信を持っていたということだろうか。あるいは、

「たとえ門人たちが去っても、自分の正しさを証明するために、しっかりと枝に付いていなければいけないのだ。簡単に散るわけにはいかない」

という責務感を表わしたものだろうか。職場に応用する場合にも、いろいろなケースが考えられる。特に、リタイア間近い人々にとっては、身に沁みる言葉である。

第十

郷《きょう》党《とう》篇

『論語』は大部分が、孔子の言行の記録である。孔子と門人たちとのやり取りが主体になっている。勢い、孔子個人の行動についてはあまり触れていない。ところが、この郷党篇の中ではかなり孔子の日常生活について触れている。しかし孔子自身が、もともとは、

「祭礼を司る家から出た」

と言われるように、孔子と祭礼とを切り離すことはできない。そのためこの郷党篇では、そういう手続きや、儀式のやり方などが詳しく書かれているので、必ずしも現在のビジネスマンにそのまま参考になるような項目は少ない。

『論語』は今も生きている

廐《うまや》焚《や》けたり、子、朝《ちょう》より退きて曰わく、人を傷《そこな》えりや。馬を問わず。

◇廐焚、子退朝日、傷人乎、不問馬。

孔子の家の馬小屋が火事で焼けた。朝廷から退がってきた先生がまずおききになったのは「人にけがはなかったか」ということだった。馬のことにはお触れにならならなら

なかった。

＊

日本では落語になっている、〝厩《うまや》火事《かじ》〟の原典だ。道楽者の亭主が、女房の髪結いの賃金で食っている。俗に〝髪結いの亭主〟といわれる典型的な存在だ。ところが、ある時火事が起こって、外で遊んでいた亭主が驚いて飛んで帰ってきた。その時訊いたのが、「おまえの体は大丈夫か？　火傷をしなかったか」ということだった。普段は、

「あんなろくでもない亭主を抱えて、あたしは何と不幸な女なのだろう」

と思っていた女房は、亭主が自分の体のことを心配してくれたことを喜んだ。そこで、

「おまえさんは、そんなに実のある人だったんだね」

と涙ぐむと、亭主はこう応じた。

「そうじゃねえ、もしもおまえが火傷をして、手が使えなくなったら、髪結いの仕事がやれなくなって、おれも明日から食えなくなる」

女房はがっかりするという話だ。つまり、火事の時にも、

「焼けた品物が大切か、それとも人間の方が大事か」

という、物と人との対比を比喩したものだ。孔子の場合には、馬小屋の主人であ

る馬のことは心配しないで、

「人間の方は大丈夫だったか？」

ときいたので、孔子は、

「馬よりも人のことを大切にしていた」

という意味に解釈されている。が、この通常の解釈は必ずしも全体の納得を得ているわけではない。中には、

「馬小屋が焼けたのだから、当然孔子も馬のことは心配する。しかし、それは口にするまでもないので、ただ人間は大丈夫だったかとお訊きになったのだ。孔子は必ず、馬のことも心配されていたはずだ」

という説もある。この方が正しいだろう。しかしいずれにしても、これもまた二千五百年前の発言が、そのまま日本で落語になっているというのもおもしろい。だから、わたしたちの日常生活には、知らず知らずのうちにかなり『論語』が入り込み、しみついているということなのだ。それは、家庭だけではない。職場の中にも結構、

「生きている論語」

という例が多い。

心のやり取りを大事にせよ

疾《しつ》あるに、君これを視《み》れば、東首《とうしゅ》して朝服を加え、紳《しん》を拖《ひ》く。
◇疾、君視之、東首加朝服、拖紳。

先生がご病気になった時、殿様がお見舞いに来られた。この時先生は東枕にして、礼服をかけ、広帯をその上にお乗せになった。

＊

自分の主人が見舞いに来ても、起きてこれに応ずることができない時は、寝たまま礼服をかけ、広帯をその上に横たえて、まるで礼服を着ているような体裁を整えるのが、当時の礼儀だった。

これをそのとおり実行した話がある。幕末の名君といわれた一人に、佐賀藩主鍋島直正がいる。閑叟《かんそう》という号で有名だ。直正は、若い時から藩の学者古賀《こが》穀堂《こくどう》に教えを受けていた。ある時穀堂が病気になった。直正は早速見舞いに行きたいと言い出した。ところが重役が止めた。それは、

「殿様が、学者の見舞いに行った例はございません」

というのだ。しかし直正は何とかして穀堂を見舞いたいと思った。そこである日、

「遠乗りに出掛ける」

と言って、供を一人だけ連れて馬に乗った。もちろん遠乗りは口実だ。穀堂の家に行くつもりだ。城下町の途中で、美しい花を栽培している家があった。丁度家人が出て来て、花の手入れをしていた。直正は部下に命じ、その家から花を一輪もらい受けた。それを持って穀堂の家に行った。直正は家人に訪問の旨を告げると、家人は驚いて穀堂に報告した。この時穀堂は、

「殿から頂戴した羽織りを布団の上に掛けてほしい」

と告げた。穀堂はもう起きることができなかったからである。直正は玄関からでなく庭から入って行った。その方が、非公式な訪問になると思ったからだ。庭から見ると、穀堂は寝たまま、布団の上に以前直正が与えた羽織りを掛けていた。それが穀堂のせめてもの直正に対するお礼の気持ちであった。そして、穀堂は首をもたげ、

「殿、わざわざおそれいります」

と礼を言った。

「気にしないでください。先生、一日も早くよくなってください」

　直正がそう言うと、穀堂は何度もこっくりした。その頬が、涙で濡れていた。

　まもなく穀堂は死んだ。しかしこの直正の密かな訪問は、多くの人に知られ、賞賛された。この鍋島直正と古賀穀堂の話は、そのまま孔子の話に通ずる。穀堂も『論語』を読んで、こういう時にはどう対応すればいいかを知っていたのである。

　これは現在でも応用できる。病気になって、社長や上役が見舞いに来た時も、もしも以前に社長や上役から貰ったものがあれば、それを枕元に置くとか、いろいろな形を示せば、見舞いに来た方も、

（ああ、こいつは自分がいつか与えたものを、これほど大事にしているのだな）

と思って、胸をあたためるにちがいない。こういう、

「美しい心と心のやり取り」

は、いつまでも大事にしたい。どんな世の中になっても、

「日本式経営はすべて駄目だ」

とは言えない。

　日本式経営の中にも、こと心に関する部分に限っては、まだまだわたしたちが実際に保っているものがあり、職場の中でも大いに機能している面があるのだ。

第十一

先《せん》進《しん》篇

先進というのは先輩のことだ。後輩のことを後進という。この篇では、孔子が門人たちについて歯に衣《きぬ》着せない批判や逆に思いやりや優しさなどを語ったものとされている。

日本人の美しい心

子曰わく、我れに陳《ちん》・蔡《さい》に従う者は、皆な門に及ばざるなり。
◇子曰、従我於陳蔡者、皆不及門者也。

解釈は二通りある。

先生がおっしゃった。「陳や蔡などの、遠い小さな国までわたしと一緒に行った門人は、いまはすっかりいなくなったね」

もう一つは、

「陳や蔡までわたしと一緒に行った門人は、ついに就職の機会を失ってしまったね」

*

前者は、単にいなくなったのではなく、

「孔子を見限った」

というような意味にもとれるし、あるいは物理的にいなくなった（たとえば死んだ）などの意味にもとれる。後者の場合は、

「わたしのようなものと行を共にしていたために、ついに就職の機会が得られずほんとうに悪いね」

という意味にとれる。

後者の例を日本にとれば、戦国時代から江戸初期に生きた九州の大名立花宗茂の例がある。立花宗茂は、若い時から大友家に仕える重臣の家柄で、終始一貫して大友家に忠節を尽くし抜いた。当時、九州地方では南方から島津氏が北上して、九州全土を侵略しようとしていた。たまりかねた大友氏は、豊臣秀吉に救援を求めた。秀吉は天下統一の格好の機会とばかり、大軍を率いて九州に乗り込んで来た。そして最後まで大友家に忠節を尽くしていた立花宗茂を褒め、筑後柳川（福岡県柳川市）で十一万石の大名に取り立てた。この恩を感じた宗茂は、関ヶ原の合戦では石田三成に味方した。そのために徳川家康に憎まれ、柳川十一万石を没収されてしまった。

宗茂を慕う家臣は多く、失業した宗茂に、

「最後までお供をします」

という部下が沢山いた。この主従の美しい関係に感動した熊本の加藤清正が、

「うちにいらっしゃい」

と言って、おびただしい立花宗茂主従を自国内に招き入れた。立花宗茂主従は、長らく加藤家の居候になった。ところが加藤家内部でも、

「徳川家康公に背いた立花家主従を、いつまでも居候にしておくと、加藤家が眼を着けられる」

と警戒する者もいた。これを知った宗茂は、

「江戸に行く」

と言って、これ以上加藤家に迷惑が掛かることを避けようと思った。この時、

「われわれもお供します」

とまたもや部下たちが迫った。宗茂は苦笑いして、

「わたしは一介の浪人だ。おまえたちを養うことはできない」

と言った。部下たちは、

「ご心配は無用です。わたくしたちが、あなたをお養い申し上げます」

と言った。江戸に出た宗茂は何もしない。しかし部下たちは虚無僧になったり、時には物乞いや建設現場での労務者になって働いた。そして宗茂を養った。これを

知った二代将軍徳川秀忠が、

「今時めずらしい主従がいるものだ」

と感動し、宗茂を話し相手に召し出した。やがて、奥州で一万石の大名に取り立てた。そしてさらに、宗茂の後に入った田中という大名に欠点があることを知り、土地を没収して柳川十一万石をそっくり宗茂に返してやった。こんな例は戦国時代から江戸時代にかけてひとつもない。つまり秀忠は、

「虚無僧や物乞いになってまで、主人を養い続けた家臣たちの美しい心に感動したのである。

いまは、中小企業の倒産や、リストラが盛んだ。つまり、お家が潰れたり、家臣たちが失業したりする例に暇がない。が、立花主従のように、

「失業した社員が、かつての社長を養うためにみんなが心を合わせて働き抜く」

という例があるだろうか。一笑に付されるようなケースかもしれないが、しかしこれもまた、

「日本人の美しい心」

を物語る一例だ。そしてまた、そういう努力を続けたからこそ、立花宗茂を再び社長とする、会社の復興が実現したのである。

勘違いするな

子曰わく、回《かい》や、我れを助くる者に非ざるなり。吾が言に於いて説《よろこ》ばざる所なし。

◇子曰、回也非助我者也、於吾言無所不説。

先生がおっしゃった。「回すなわち顔淵は学問上わたしの助けになる存在ではない。かれはわたしの言うことならどんなことでも喜んで聞いているだけだから」

＊

職場にもこういうケースは沢山ある。上役が、部下を大変に可愛がる。しかしその可愛がり方には、能力を尊重している場合と、ただよく言われる、

「存在意義があるから」

というような場合もある。昔の流行歌にあった、

「そばにいてくれるだけでいい」

という存在だ。ところが、このそばにいてくれるだけでいいと思われている存在

が、

（上役は、自分の能力を高く評価してくれているのだ）

と勘違いすることがある。この勘違いが続くと、上役の方はピシリと鞭を当てることがある。

三代将軍徳川家光にとって、堀田正盛《ほったまさもり》は寵臣だった。堀田が家光の乳母春日局《かすがのつぼね》の縁者だったからである。いわば、コネで贔屓にされた存在だ。

家光は堀田を愛し、その居城である川越（埼玉県川越市）まで、よく馬に乗って一緒に話しながら行き着くこともあった。そんな時、家光は川越城に泊まった。だれが見ても、

「堀田殿は、上様（家光のこと）のご信頼が最も厚い」

と思われた。ところが家光にすれば、必ずしも堀田正盛の能力を評価していたわけではない。春日局との関係と、堀田正盛が素直で、家光の言うことはなんでもはいはいと聞くので、自分の脇に置いていただけである。

川越で大火が起こった。家光は怒った。そして堀田を、信州（長野県深志、いまの松本市）に飛ばしてしまった。堀田はびっくりした。かれにとっては、信じられないことだった。

「家光公はわたしを愛しておられた。こんなひどいことをなさるはずはない」

と嘆いた。が、家光の方は、

「愛情と能力とは別だ。わたしが愛したからといって、甘えてはならない」

と厳しい処断を下したのである。だから、職場においても、

「単に存在意義だけで信頼されているのか、それとも能力も併行して評価されているのか」

という見極めをつける必要がある。つまり、

「信頼だけでなく能力の方でも評価されたい」

と思ったら、ただ上の言うことをはいはいと聞いているだけではなく、時には、

「こういうことは、こうした方がいいと思います」

と批判なり、あるいは諫言するような勇気が必要だ。それをしないで、犬のように盲従していて、事が起こった時に、

「約束が違うではないか」

と嘆いてもはじまらない。この辺のかねあいというか、人間関係の見定めはしっかりしておかないと馬鹿を見ることになる。よけいな嘆きを自分から背負い込むことになる。だから、

「そばにいてくれるだけでいい」

という考え方で自分が信頼されていると思ったら、その枠の中だけで満足すべき

なのである。よけいなことを考えたり、高望みをすると逆にしっぺ返しを食う。家光と堀田正盛の関係はそのいい例である。

この作品は、一九九九年六月にＰＨＰ研究所より刊行された。

著者紹介

童門冬二（どうもん　ふゆじ）

本名・太田久行。1927年（昭和２年）東京に生まれる。第43回芥川賞候補。日本文芸家協会ならびに日本推理作家協会会員。主な著書に『小説上杉鷹山（上・下）』『青春児——小説伊藤博文（上・下）』『近江商人魂（上・下）』『小説二宮金次郎（上・下）』『名将に学ぶ人間学』『志士の海峡』『〔新装版〕上杉鷹山の経営学』『小説徳川吉宗』『新釈三国志（上・下）』『「情」の管理・「知」の管理』『戦国名将一日一言』『上杉鷹山と細井平洲』『名補佐役の条件』『宮本武蔵の人生訓』など多数。1999年（平成11年）、春の叙勲で勲三等瑞宝章に。

ＰＨＰ文庫　男の論語（上）

2001年11月15日　第１版第１刷

著　者　童　門　冬　二
発行者　江　口　克　彦
発行所　ＰＨＰ研究所
東京本部　〒102-8331　千代田区三番町３番地10
文庫出版部　☎03-3239-6259
普及一部　☎03-3239-6233
京都本部　〒601-8411　京都市南区西九条北ノ内町11
PHP INTERFACE　http://www.php.co.jp/
制作協力
組　版　ＰＨＰエディターズ・グループ
印刷所
製本所　凸版印刷株式会社

ISBN4-569-57625-7

PHP文庫

中谷彰宏　気がきく人になる心理テスト
中谷彰宏　本当の君に会いたい
中谷彰宏　一生この上司についていく
中谷彰宏　君のしぐさに恋をした
中谷彰宏　超管理職
中谷彰宏　人生は成功するようにできている
中谷彰宏　知的な女性は、スタイルがいい。
中谷彰宏　週末に生まれ変わる50の方法
中谷彰宏　朝に生まれ変わる50の方法
中谷彰宏　忘れられない君のひと言
中谷彰宏　なぜ彼女にオーラを感じるのか
中谷彰宏　運命を変える50の小さな習慣
中谷彰宏　なぜあの人はプレッシャーに強いのか
中村直江　兼続
中村晃　児玉源太郎
長崎快宏　アジア・ケチケチ一人旅
長崎快宏　アジア笑って一人旅
長崎快宏　アジアでくつろぐ
中津文彦　日本史を操る　興亡の方程式
中津文彦　闇の関ヶ原

中江克己　神々の足跡
中江克己　日本史怖くて不思議な出来事
中山庸子　「夢ノート」のつくりかた
中山庸子　夢生活カレンダー
長瀬勝彦　うさぎにもわかる経済学
中西安　数字が苦手な人の経営分析
鳴海丈　柳屋お藤捕物帳
中山み登り　「あきらめない女」になろう
西尾幹二　歴史を裁く愚かさ
日本語表現研究会　間違い言葉の事典
日本博学倶楽部　「県民性」なるほど雑学事典
日本博学倶楽部　「歴史」の意外な結末
日本博学倶楽部　「日本地理」なるほど雑学事典
日本博学倶楽部　「関東」と「関西」こんなに違う事典
日本博学倶楽部　雑学大学
日本博学倶楽部　世の中の「ウラ事情」はこうなっている
日本博学倶楽部　身のまわりの大疑問
西野武彦　経済用語に強くなる本
西野武彦　「金融」に強くなる本
浜尾実　子供のほめ方・叱り方

浜尾実　子供を伸ばす一言、ダメにする一言
畠山芳雄　人を育てる100の鉄則
半藤一利　日本海軍の興亡
半藤一利　ドキュメント太平洋戦争への道
半藤一利　完本・列伝　太平洋戦争
浜野卓也　黒田官兵衛
浜野卓也　吉川元春
花村奨　前田利家
原田宗典　平凡なんてありえない
葉治英哉　松平容保
葉治英哉　張良
ハイパープレス　「地図」はこんなに面白い
秦郁彦　ゼロ戦20番勝負
PHP研究所編　違いのわかる事典
平井信義　5歳までのゆっくり子育て
平井信義　思いやりある子の育て方
平井信義　子供を伸ばす親・ダメにする親
平井信義　親がすべきこと・してはいけないこと
平井信義　子どもの能力の見つけ方・伸ばし方
平井信義　子どもを叱る前に読む本